人生はどこでもドア

リヨンの14日間

稲垣えみ子

幻冬舎文庫

人生はどこでもドア

リヨンの14日間

稲垣えみ子

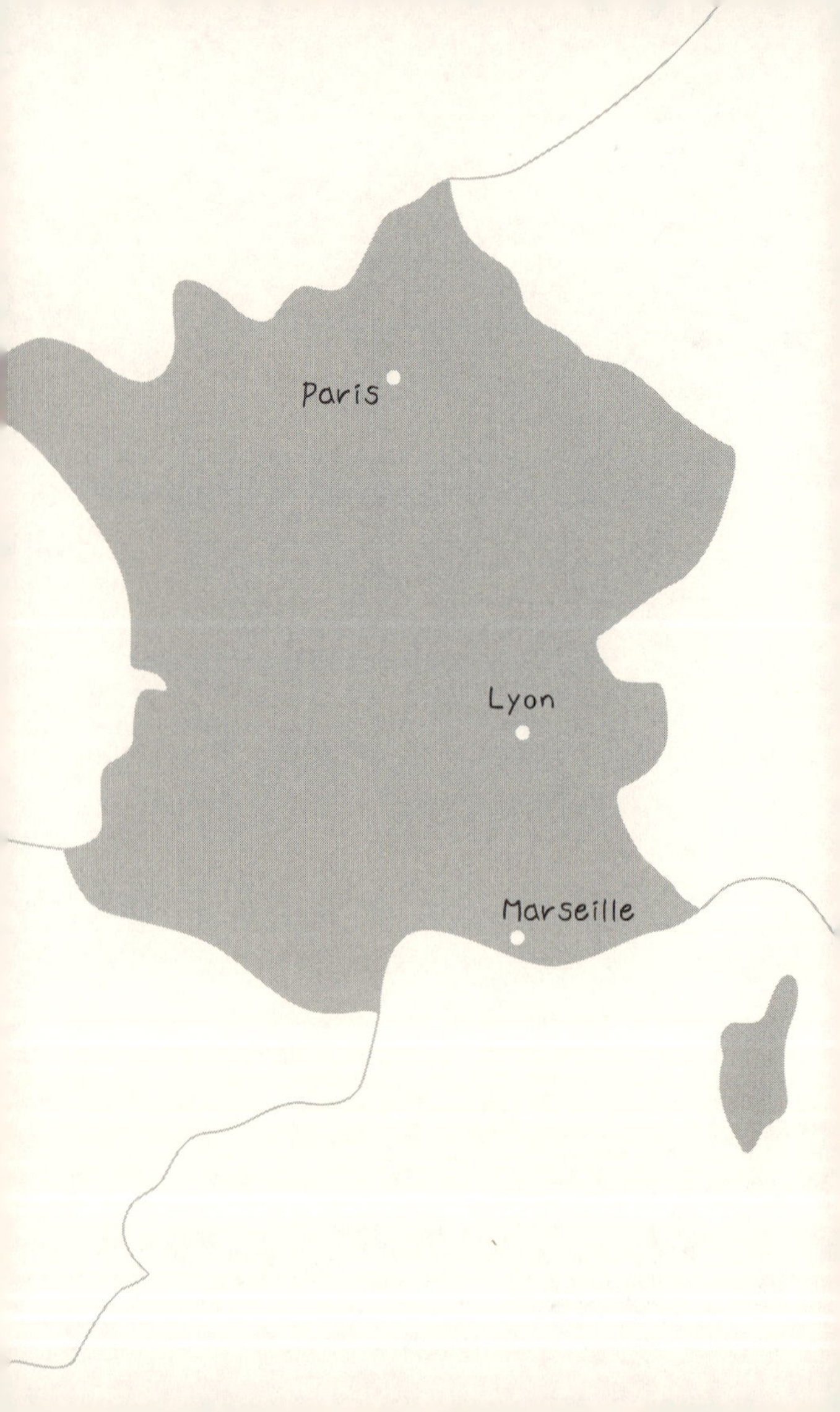
Paris
Lyon
Marseille

プロローグ

海外で暮らしてみたい。それは子供の頃からの憧れだった。

一体またどーして？　なんて聞かないでほしい。もしかすると今の若い人には想像がつかないかもしれないが、日本人はずっと昔っから長い間、海外に恋い焦がれてきたのだよ。

海外に憧れるのが日本人である、と言ってもいい。

そう坂本龍馬だって桂小五郎だって松田聖子だって、皆、夢は海外進出であった。海外で通用してこそ一流であると多くの日本人が信じてきた。野茂や伊良部が大リーグに乗り込んでいった時は、皆かたずをのんで見守った。

それは、島国に暮らす者の宿命的なロマンなのかもしれない。自分たちは、所詮はちっぽけな世界でごちゃごちゃやっているにすぎないのだというコンプレックスかもしれない。

そう、コンプレックス。

私の場合は、その言葉がぴったりだ。

海外生活の経験があると聞くだけで、その人が自分より何倍も大きな人に見えた。で、私もいつかは……と決意しては語学学習に手を出すのだが、努力不足なのか能力不足なのか、何度挑戦しても全く身につくことはなかった。あまりに見込みがないので方針を転換し、いっそ外国語なんかできなくても海外で強制的に暮らせばきっと私だって華麗な国際人になれるに違いないと、特派員（ああなんてかっこいい響き！）になるという野望を胸に新聞社に入社した。

だがこれといって光るところもない平凡な一記者には、そのような華やかな地位へとつながる道は全く閉ざされていた……と知ったのは、入社してもう何年もたってからだった。つまりはひたすら国内に拘束される仕事に追いまくられ、ふと気づけば、海外生活どころか長期旅行に行くチャンスもないのである。

これはいかん。

50歳を機に会社を辞めたのは、まあいやしくも会社員が30年近く勤めた会社を離れるのだからして色々な理由があったのだが、その理由の一つが、「このまま会社にいたら、やりたいことができないうちに寿命が尽きてしまう」という危機感であった。もちろん、その「やりたいこと」の一つとは……そう、憧れの海外暮らしだったのでありました。

で、辞めたのはいいのだが。

いざ海外で暮らすとなれば、やはりどう考えても言葉ができなければならないだろうと、振り出しに戻る。せめて英語である。

そうだ語学留学でもするか……というのが最初のプランであった。何しろ会社を辞めたんだから時間はたっぷりとあるのである。聞けば、フィリピンのセブ島に格安の寄宿制語学学校があり、日本人に人気なのだとか。なるほどフィリピンなら近いし、いきなり西洋人に取り囲まれるよりは気楽だ。なかなか魅力的なプランである。

だが人生とは全く思う通りには進まない。会社を辞めてヒマになるはずが、いざ辞めてみると「ヒマだヒマだ」と公言していたせいか、なんだかんだと仕事やらお誘いやら雑用やらが入ってきてしまった。誠にありがたいことである。しかし、何せ会社に所属していないので、先方の都合で仕事やら会合やらの約束をしていると土日もへったくれもないのであった。海外留学の時間などとてもひねり出せず、ぐずぐずしているうちに、気づけばアッという間に2年が経過……。

これはいかん。

こんなことをしていたら、きっとアッという間に5年たち、10年たち、せっかく早期退社したのにフツーの定年の年齢に到達してしまうではないか！

発想の転換が必要だ。

そうだ。「ちゃんと準備しよう」などと考えるから、いつまでたっても旅立てないのだきっと。

行ってしまえばいいんじゃないの？　準備など何もせず。エイッと。

いわば「セルフ特派員」である。誰も特派してくれなければ自分で自分を特派すればよいではないか。そう、「行ってしまえば何とかなる」精神で。

だがよく考えると、そう単純にいくだろうか？　新聞社の特派員であれば、エイッと行ったら行ったで会社が様々なサポートをしてくれる。通勤する場所だってあるし、同僚もいるし、やるべき仕事もある。つまりは会社に助けられながら会社の仕事を懸命にこなすことで、気がつけば英語などもそこそこに話せるようになっちゃったりして、そしてかの華麗なる「国際人」になっていくのではないだろうか？
ところが。今の私には何もないではないか。エイッと行っても、一人。咳をしても、一人。サポートもなければ居場所もない。セルフ特派の道はなかなかに険しいのであった。

だがしかし。私には勝算がないわけではなかったのであります。
自分で言うのもなんだが、それは画期的な発想の転換であった。詳しくは本文で述べるが、そのごくさわりだけを紹介すると、「準備をしない」ことこそがカギなのだ。

そう。時間がなくて仕方なく準備できずに出かけるのでも、面倒臭いので準備しないわけでもない。あえて、余計な準備なんぞしないのである。いや、してはいけないのだ。普段の自分のまま、ひょいと海外へと降り立ってみる。それでこそ、夢の「華麗なる海外暮らし」が成功する確率が飛躍的に高まるはず……という突拍子もない思いつきに、突然取り憑かれてしまったのであった。

というわけで、その、かつて誰も実証したことのない珍説だけを胸に、53歳の私は一人、何の準備もせず、のこのこと、身一つで、全く言葉もできぬヨーロッパへと飛び立ったのであります。

出発前、当然のことながら不安でいっぱいだったが、もしこれが成功したらすごく画期的なことなんじゃ……という野望にも燃えていた。

だって、このようなバカバカしい方程式が現実に成立するとしたらですよ、コレといった能力がなくたって、つまりは言葉ができなくても、旅慣れていなくても、特別に魅力的な性格の持ち主なんかじゃなくても、そして何の準備もしなくても、いつでもどこでも夢の「海外暮らし」ができるってことになるわけですから。

で、もしそんなことになっちゃったら、私の人生の可能性は飛躍的に広がるじゃありませんか！

だってそれって、いうならば「どこでもドア」を手に入れたようなものだ。かの国民的SF漫画の中でも不動の一位を誇る人気アイテムが、つまりは世代を超えた誰もが「あったらいいな」と心から夢見ているものが、現実に自分のものとなるかもしれないのである。

で、その結果やいかに？……ということを書いたのが本書であります。ま、何はともあれ、笑いながら読んでいただけましたら嬉しく思います。

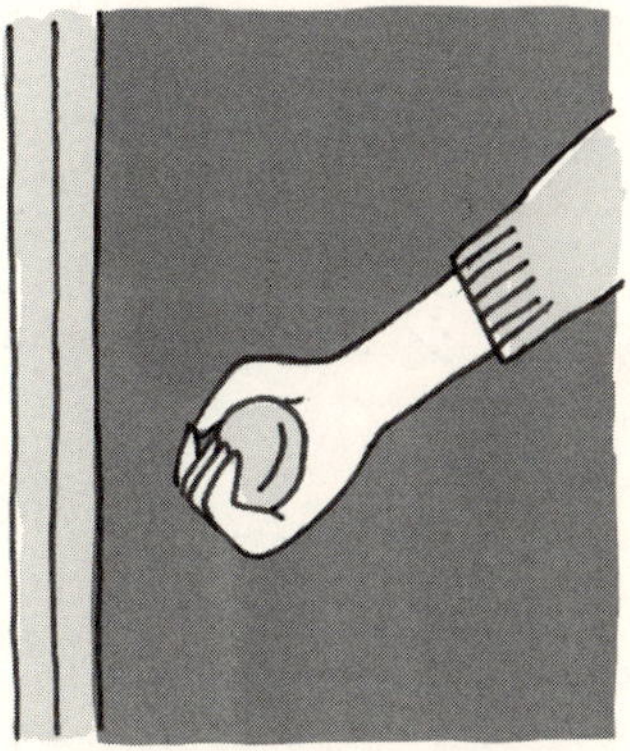

人生はどこでもドア　もくじ

本文イラスト　祖父江ヒロコ
DTP　美創

来ちゃった、リヨン

Bonjour!

空港にて

生まれて初めて降り立ったリヨン空港は、実に閑散としていた。

夜の8時半。深夜というほどでもない。しかもリヨンである。フランス第2の都市である。そして国際空港である。当然のように、人、人でごった返していると想像していた。

ところが飛行機を降りてトイレで用を足して、出てきたら誰もいなかった。表示に従ってスーツケースをピックアップに行ったが、そこにも数人しかいない。そもそもその時間帯に到着した飛行機そのものが、我らがブリュッセル航空だけなのであった。蛍光灯のひんやりとした灯りの中、広いホールで一つだけゆっくりと回るベルトコンベアの音がやけに大きい。

そして、私は焦っていた。焦りまくっていた。

とにかく一刻も早くタクシーに乗り、宿泊先のアパートまで行かねばならない。なぜなら、アパートの貸主ニコラから鍵を受け取る待ち合わせの時間を、2時間半以上も過ぎていたからだ。

2時間半ですよ！

もうこれは、遅刻というレベルとは異次元の事態だ。もちろん私のせいではない。飛行機のせいである。乗り継ぎ地点のブリュッセルで飛行機に乗り込むところまでは何の問題もなかった。出発は定刻通り。なので機内に乗り込む直前、ニコラに「予定通り到着できると思います」と最終確認のメッセージを送り、「了解、待ってます」と返事を受け取っていた。

完璧だ。ミス・パーフェクト！

ところが飛行機に乗ったとたん、それまでベルギーの白い空をひかえめに舞っていた幻想的な雪が、突然暴力的にドサドサと降り始めた。

全員が座席に座ったまま、飛行機はピクリとも動かなかった。しばらくして機長の英語及びフランス語及びドイツ語（たぶん）のアナウンスが流れた。ほとんど聞き取れなかったが、他の乗客の「オー、ノー」「アンビリバボー」的な反応から、飛行機が飛び立つめどが立たないどころか、空港機能がほとんどストップしているらしいことがうっすらわかってきた。

脇にじんわりと汗が滲んだ。これはまずいことになった。

機内からではネットに接続できないので(もしかしてできるのかもしれないが、ネット音痴なのでやり方が全くわからない)、ニコラにメッセージも送れない。何の連絡もせぬまま、いつまでたっても待ち合わせ場所に現れない私をニコラはどう思うだろうか？　とんでもねえ奴だと呆れて帰っちゃっても何の不思議もない。で、そんなことになったらどうすりゃいいんだ？　知り合いもおらず、言葉も全く話せない異国で、夜中にか弱きオバサンがたった一人、自力でホテルを探す？　どうやって？　空港にツーリストインフォメーションとかあるのか？　あったとしても夜に開いてるのか？　それともネット？　そもそもリヨン空港でちゃんとWi-Fi接続できるの？　できなかったら夜の寒空の下で一軒一軒ホテルを訪ね歩く？　初めてのリヨンで？　まるで「マッチ売りの少女」じゃん……ってことは凍死とかしかねないってこと……？

妄想爆発である。いや妄想と思いたいが、全くそうとは言い切れないのが恐ろしすぎる。

結局、そうして2時間半じいっと待った後に飛行機はようやく出発した。で、リヨンに到着したのは午後8時半。

すぐさま空港のWi-Fiに接続すると、ニコラから複数のメッセージが入っていた。一通目は「何かあったんですか?」と、文字の向こうにイラッとした感情が見える。ああ待ちぼうけを食らってジリジリ待っていたんですよね。当然です。本当にごめんなさい! でもそれから30分後に、次のメッセージが発信されていた。「あなたのフライトナンバーを調べたら、飛行機が大幅に遅れているとわかりました。全く心配はいりません。到着したら連絡ください」。ああよかった! まだニコラは私を見放していなかったのだ。

にしても、空港のWi-Fiがぶちぶち切れまくり、一刻も早く返事を送りたいのに何度も何度も接続をやり直さねばならない。思えばこのWi-Fiだけが私とニコラをつなぐ命綱なのだ。それなのに、これが蜘蛛の糸のごとく頼りない。ここでうまく接続できなくなったら本当に「終わり」だ。盛大にイライラしつつ、考えてみれば、そもそも未だにWi-Fiって一体何なんだか、どうしてつながったり切れたりするのか、根本的なところが全くわかっていないのである。そんな正体のわからぬものに生命線を握られていることの危うさを今更ながらに実感するが、時すでに遅し。

だが空港の Wi-Fi は何とか持ちこたえてくれた。少なからぬ時間と悪戦苦闘の挙句、何とかニコラに「今着きました。すぐにタクシーでそちらに向かいます」とメッセージを送り、何度かのやり取りの後、ようやく新たな待ち合わせ時刻を決めることができた。

ふう。何とか鬼門クリアである。ヨカッタヨカッタ。

ふと時計を見ると、もう午後9時を回っている。ともにスーツケースを受け取った人たちもとっくに空港を出て行ったのか、誰もいないロビーは不気味に静まり返っていた。3月とはいえまだ寒く、足元から冷気が上がってくるのが心細さに拍車をかける。

しかしまあ、あとはタクシーに乗るだけだ。もう大丈夫。フランスでは住所を書いた紙さえ渡せば、運転手さんがちゃんとそこまで連れて行ってくれるのだ。かつてパリに住んでいた姉の情報である。

私は小さな赤いスーツケースをゴロゴロ引きずりながら急いでタクシー乗り場へと向かった。案内表示によると、乗り場は空港の外にあるらしい。

で、自動ドアを出て「タクシー」と書かれた小さな看板のある場所を見て、私は再び愕然とした。

ま、真っ暗！

タクシーどころか、ひとっ子一人いねーじゃねーか！

全くの予期せぬ事態に何も考えられず、ものすごく冷たい風が吹きすさぶ真っ暗な乗り場（っていうか単なる立て看板の下）へふらふらと行き、2分ほど、待った。だが何も起きなかった。起きる気配もなかった。あと1時間待っても何も起きないことは確実だった。

一人呆然と立ち尽くしながら、再びマッチ売りの少女の悲劇が頭によみがえってきたのであった。

こんなことになっちゃったわけ

こういう時、ガイドブックのようなものを1冊でも持っていたら、あるいは何らかの下調べをしていたら、ホテルのリストとか、タクシー会社の連絡先とか、事態を打開する情報のかけらが手に入っただろう。

ところが私は、何も持ってきていなかった。

肩にかけた茶色い木綿のズダ袋と小さな赤いスーツケースに入っていたのは、パソコン、アイフォン、下着2着と、ズボン2着とセーター2着、米とわずかな調味料、乾燥防止のゴマ油、歯ブラシ、文庫本2冊、夜の暇つぶし用にと持ってきた縫い物用のハギレだけであった。
つまりは、私は何の準備もせず、ほぼ着の身着のままで1万5000キロ離れた異国まで来てしまったのだ。

なーんて書くと何だか旅慣れた人間のようだが、全くそんなことはないのである。私がこれまでの人生で海外旅行に行ったのは8回。お気楽な53歳独身女としては多いとは言えまい。

何を隠そう、私は海外旅行がとても苦手なのだ。

そう、私は海外で「暮らす」どころか、「旅」ですらまともにできない人間であった。正直言って、心から面白かったと思えたことはほとんどない。
脳内妄想としては、異国でエキゾチックな世界に出会って見識も体験も深めていく……っていう「兼高かおる的」なことを夢見て出かけていくのだが、全くもってそんなふうにはならないのである。

いや自分なりに頑張ってはきたんですよ。ガイドブックや雑誌の旅特集を懸命にチェックして、頑張って地図を片手にそこまで乗り込んでいく。しかし、まー100％期待外れ。やっとのことで店にたどり着いても、素敵なモノがいっぱいあるはずが、たいがい品揃えは思ったほどではなく欲しいものが見当たらない。でもせっかく来たんだからと無理やり何か買い、フト冷静に考えればこの程度のものを買うんだったら日本で買ったほうがよっぽど良いものが買えたんじゃないかとモヤモヤする。食べるものも同様。華麗な料理写真を見て妄想いっぱいで出かけても、大体は思ったほど美味しくない。観光名所もそう。美術館やら歴史的建築やらを見て回っても、なーんか疲れる。ハイ確かに行ってきましたという、それ以上でも以下でもない。

つまり何をやっても事前の情報のほうが現実を上回っていて、一生懸命回れば回るほどそのギャップに疲れてくるのである。

で、そんなことが積み重なると、本当に情けなくなってくるわけです。私って何か欠陥があるんじゃないかと。度胸がないのか？　無駄にプライドが高いせいなのか？

それとも英語すらできないせいなのか？……などなど毎回結構真面目に悩んで、ある日ふと気がついた。

私は例えばパリへ行ったら、ルーブルとかオルセーとか当然のようにせっせと行っていたわけですが、そもそも日本では美術館などほとんど行くこともない、いや行こうともしていない。そんな人間がたまたまパリへ来たからと突然そんな場所にノコノコ出かけたところで、面白くなくて当然じゃないの？　つまり私は本当に心からルーブルに行きたかったかっていうと実はそんなことなくて、ただパリに行ったら有名なルーブルに行けとガイドブックに書いてあったから行っただけなんだよね。

お店も同じこと。雑誌などで「パリに行ったらここへ行くべし」と推薦している方々は、そもそも日頃からファッションだの雑貨だのその方面に愛も関心も目一杯費やしているのであって、そういう人の目で見るから「宝物」がいっぱいなのだ。それを、普段何もしていない人間が、そこに行きさえすれば宝物に出会えるなどと思うのは間違ってるんじゃないか？

旅に出たからといって、日々興味を持っていないことに急に興味が持てるわけじゃないんだよね。当たり前だけど。

　ということはですよ。

　普段から興味を持っていることを貫けば、どこへ行っても深い体験ができるんじゃないか？　例えば陶芸をやっている人が旅先で陶芸を見たり、工房に行ったり、陶芸家に出会ったりしたらすごく刺激があるだろうし、そこで出会った人とのコミュニケーションも取れるんじゃないだろうか……？

　そう、コミュニケーション！

　私が旅で本当にやってみたいのは結局はそれで、でもそれが全然できないのは言葉ができないせいなんだとずっと思っていた。なので、旅行から帰るたびにコツコツとラジオ講座に取り組んだ。でも結果はやはり全然大したことはないのであった。で、それは努力が足りないせいかと思い、またラジオ講座のテキストを買って……ってことを延々繰り返してきたんだが、どうもそういうことじゃないんじゃないかと思ったのだ。

他人とコミュニケーションを取ろうと思ったら、まず、自分が何者かってことが前提なんだよね。自分が心から知りたいこと、心から興味の持てることがなければ、言葉が多少できようが、コミュニケーションなんて取れない。っていうかそもそも取る必要もない。

じゃあ私にとっての「陶芸」って何だろうと考えて、はたと立ち止まってしまった。うーん。そういうの……ないじゃん……。

仕事らしきものといえば文章を書いたりしているわけだが、それって異国ではめっちゃシェアしにくい分野である。扱ってるのが言葉だけに、語学ができないことには話にならない。

なので懸命に考えました。どこに行っても通用する、今私が心から興味があるもの、普段から真剣にやってるものって何だろうと。

で、そうだ「生活」だ！　って思ったんです。

料理を作って、洗濯して、掃除をして、あと近所で買い物をしたり顔見知りに挨拶をしたり。この「生活」を海外でも一生懸命やれば何かが見えてくるかもしれないし、もしや現地の人と「コミュニケーション」を取ることだって可能なんじゃないか……?

そう思ったらですね、急に、どこへだって行けるような気がしてきたのである。だって、行き先がどこだろうと関係ないのだ。生活ならばどこへ行ったってできる。ということは、私がちゃんと私であればどこでだってやっていける（かもしれない）。それなら私、子供の頃から憧れていたことがちゃんとできるかも！　どこの国に行っても、楽しく冒険できるかも！　異国の人とコミュニケーション取れるかも！

……もう、いてもたってもいられなくなった。

で、かなり回りくどい説明になりましたが、ようやく元に戻りまして、つまりはそのようなわけで、何の準備もせずにここまで来てしまったのであった。だって、普段東京でもやっている生活をそのまま外国でも一生懸命やれば、私が夢見ていた「素敵な（兼高かおる的な）海外旅行」に近いことができるかもしれないのである。

行き先をリヨンに決めたのは全くの偶然である。

ある日、数年来の友人である日本酒の蔵元に、「今度フランスに行くんだけど、稲垣さんもどう？」と誘われた。ちなみに私は日本酒マニアで、好きが高じて愛飲する酒の蔵元とは大概知り合いなのであります。その蔵元がおっしゃるには、日本酒に魅せられたフランス人の若者が、リヨン近郊の村で2年前からヨーロッパ初の日本酒造りに取り組んでいるのだとか。で、このたび視察と指導、宣伝活動への協力などを兼ねて関係者がツアーを組むので、「もしよければご一緒に」とのことなのであった。

えーっ、行きます行きます！

即答、である。

だってその時、キラーンとひらめいてしまったのだ。

どうせ15時間も飛行機に乗ってフランスくんだりまで行くのである。4泊5日のツアーで帰ってくるなんてナンセンスではないか？　何しろ会社勤めの身ではない。時間はいくらでもある。そう。今こそ例のプランを実行に移す、またとないチャンスではないのか？

というわけで、計画はにわかに動き始めた。酒蔵訪問ツアーご一行様が到着する前に、単身リヨンに前乗りして一人で暮らしてみよう。そう、「生活」をしてみよう！　思いつきの興奮冷めやらぬうちにと、数分後には航空券をネットで予約した。料金も払った。なんだかんだ言っても根拠のない思いつきである。冷静に考えたら怖気づくに決まっている。なのでまずは退路を断ったのである。

滞在期間は2週間。「暮らす」というからにはできれば1ヶ月は滞在したいところだが、仕事や約束の都合でそれが精一杯だった。でもいいの。千里の道も一歩から。まずは踏み出すことが肝要なのだ。

とりあえず、準備はしない？

というわけで、航空券は取った。

さてあとはどうしようかと考えて、とりあえずはリヨンについてちょっとぐらいは調べてみることにした。何しろ、どこかで名前は聞いたことがあるという程度にしか知らない街である。

ネットで「リヨン」「観光」と検索すると、パリほどではないが、まあ色々出てきます。「絶対行きたい観光スポット20」とかね。ざっと見た結果、大まかに言うと「美食の街」「歴史ある街」であるらしい。

しかし、ヨーロッパの街はだいたいがそうである気もする。なのでさらに調べてみると、リヨンには「ブション」と呼ばれる居酒屋がたくさんあって、リーズナブルで美味しい地元の味が楽しめるらしい。そうなのねとさらに個人の旅行記などを検索していくと、店の名前やコース料理の内容、名物料理の名前、食べた感想、お値段などが写真つきで様々にアップされている。いやいやなんとキメの細かい情報化社会でありましょう。ほかにも土産物はこれがいいとかよくないとか、見るべき穴場はここだとか、実に痒いところに手がとどく情報がドシドシ投稿されている……と、時を忘れてパソコンの画面に食いついていて、ふと我に返った。

ダメじゃん！　一体何をしてるんだろうね私！

当初の志はどこへ行ったのか。

どこへ行こうとも「普段の生活」をするんじゃなかったのか？　それを武器に、自分なりの海外を楽しむのではなかったか？

なのにネットの旅行記を検索って、これじゃあ、自分なりの海外どころか１００％他人の後追いである。イカンイカン。人様が求めているものと、私が求めているものは違うのだ。どれほど素晴らしい楽しそうな旅行記であっても、それはその人の楽しみであって私の楽しみじゃあないのだ。

というわけで、改めて自分がすべきことを考えてみる。

リヨンでも「普段の生活」をする。それが今回の旅の目標だ。ならば、まずはその普段の生活を見つめ直すところから始めねばならぬ。

で、私の「普段の生活」とは、だいたいこんな感じである。

①日の出とともに起きる
②ヨガ
③掃除、洗濯、昼食の下ごしらえ
④近所のカフェでモーニングを食べながら午前の仕事(原稿書き)

⑤家に帰って昼食
⑥別のカフェで午後の仕事（同）
⑦買い物
⑧家に帰って夕食
⑨縫い物・読書
⑩風呂（銭湯）
⑪寝る
……。

地味すぎやしないかい？

いや、こうして書き出してみると、我ながら本当に地味である。

で、この地味な暮らしを、はるばる出かけたリヨンでもやると。

……いや、しつこいようですがリヨンですよ。美食の街ですよ。世界遺産ですよ！（ついつい調べた）日本から15時間もかけて出かけたおフランスですよ！　そう思うとなかなか野心的なプランである。っていうか、そんなことして何が楽しいわけ？と、多くの人に突っ込まれるであろうこと確実である。

だがここが踏ん張りどころだ。ここで「そうだよね、やっぱりせっかくフランスまで行くんだから……」などと考え始めたら、そこを蟻の一穴として我が旅はたちまち、どこの誰ともわからぬ誰かが発した情報の波に乗っ取られるであろう。

なので自分を励ますためにも、今一度、この生活を点検してみる。

この暮らしは、そりゃあ一見、地味であろう。確かに何の面白みもないように見えるに違いない。しかし、日々飽きもせずこれを繰り返している本人は機嫌よくやっているのだ。無理をしているわけでも我慢をしているわけでもない……いや本当なんだってば！

地味でいいのだ。

むしろ地味であることがポイントなのである。

地味な暮らしとはすなわち、日々代わり映えのしない簡単な暮らし。朝早く起きて、同じ時間に家事（炊事・洗濯・掃除）と仕事をして、同じ時間に寝る。実に単純。だからいいのだ。だってこれくらいなら自分の力で何とかやりきることができる。キラキラした素敵なことなんて何一つ起きなかったとしても、ちょっとした努力さえすれば、少なくとも毎日綺麗に整った清潔な場所で、こざっぱりとした身なりをして、美味しいものを食べて、そして世間様のために汗をかく（仕事をする）ことができる。

考えてみれば人生、それで十分なんだよね。

それに、生活とは一人だけでは完結しない。

こんなに地味な暮らしでも、食材を買ったり、カフェで原稿を書いたり、つまりは人様の営みのおかげでようやく一人前の生活をすることができるのだ。その縁を大切にしていけば、つまりは毎朝豆腐を作ってくれる豆腐屋のおっちゃんや、こんがりトーストのモーニングを作ってくれるカフェ店主に感謝して、感じよく挨拶し、定期的にお金を使い、時にはちょっとした世間話など披露することができれば、おっちゃんや店主と少しずつ仲良くなれるのである。

つまりは地味で単純でワンパターンな生活をするだけで、快適な空間で、美味しいものを食べることができて、知り合いまでできてしまう。

うん。生活、なかなかに最強ではないか。

っていうか、現実にこの生活に支えられて、この東京砂漠で中年独身女がポツンと一人、そこそこ元気に暮らしているんですから、これは確実なんです。間違いないんです。いやいや人生とはなかなか簡単なもんですな。ワッハッハ……ということで、この生活をそのままリヨンに持ち込めばいいのだ。きっとリヨンでだって、簡単なもんですなワッハッハ……という具合にいくはずである（と思いたい）。

ならばこのほかに、何を一生懸命、美味しいレストランやら穴場スポットやらの情報収集などする必要があるだろう？

……と、改めて我が心に確認をする。

はい。何の必要もありません。

ただ一つ、宿だけは

と言いたいところだが、一つだけ、どうしたって準備が必要なことがあった。宿泊先の予約である。行き当たりばったりで旅を続けるバックパッカーには心から憧れるけれど、残念ながら私にはそのような根性も能力もないので、これだけは何はともあれ確保せねばならない。

っていうか、これはかなり重要だ。

限られた期間とはいえ、そこで「生活をする」のである。言うなれば、プチ引っ越し。引っ越しとなれば家選びがカギを握ることは言うまでもない。これまでの旅行みたいに、普通にまともなホテルならまあいいかというような安易な姿勢は許されない。

で、私はどんな家に「引っ越し」たいのか。

条件を書き出してみた。

・自炊ができる
・昔ながらの住宅街
・近くでマルシェが立つ

うむ。つまりは、今暮らしている東京の家と似た感じがいいのだな。まあ当たり前だ。だってそこで「生活」するんだからね。

唯一欲張ったのは「マルシェ」。東京じゃあマルシェなんてない。でもフランスといえばどこでもマルシェが立つらしいので、それならばと条件に入れることにした。もちろん買い物は普通の八百屋さんでも魚屋さんでもできるんだが、行ったことのない土地でそういう個人店が近所にあるかどうかの情報を収集するのは難しい。といって、スーパーで買うのは嫌なのだ。なぜって、買い物は、見知らぬ「引っ越し先」での貴重な人との接点である。スーパーでは確かに気軽にものが買えるけれど、100回通ったところで店の人と親しくはなれない。なのでここがスーパー頼みになってしまっては、どう考えても孤独すぎる滞在となってしまう。

是非とも個人のお店で、顔と顔を突き合わせて買いたいのである。マルシェがあれば絶対確実である。

あと、カフェもないと困る。カフェで原稿を書くのが我が生活なのだから。でもこれはフランスなんだから、当然、どこだってあるだろうと想定。だってカフェってフランス語ですからね！


うん。これなら何とかなりそうである。


……なんて簡単に書いたが、一昔前だったら「何とかなる」どころか、かなりハードルが高かったろう。そもそも自炊できるホテルなんて滅多にないし、じゃあアパートを借りるかってことになったら、かなりの大ごとだ。コネがあるとか、何かの裏技に通じているとかでもない限り、現地の言葉も習慣もわからぬ一般人にはハードルの高すぎる世界である。

でも今や、簡単にそんな宿が探せるのです。

そう「民泊」！　世界中の人が、使っていない自分の家や部屋を旅人に貸し出すシステム。ここ数年、インターネットを使って急速に普及してきた。私は未体験だった

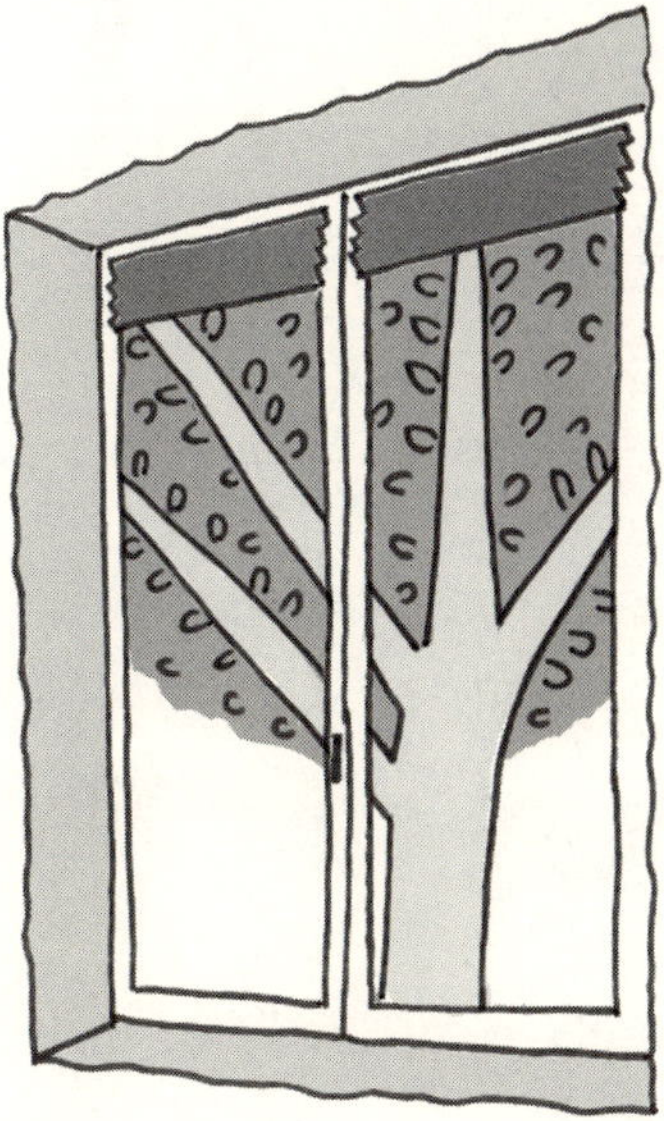

が、旅慣れた友人たちが「安い」「面白い」と利用を始めていることは小耳に挟んでいた。それを利用すれば、何しろ一般の人の家ですから、確実に台所はあるし、好みの住宅街の家を探すこともできそうじゃないですか！

エアビー初挑戦

というわけで、さっそく業界最大手の「Airbnb（エアビーアンドビー）」をネットで初検索し、「フランス」「リヨン」と打ち込んでみた。

うわあ〜。出てくる出てくる。正直、そんなウマイ話が本当に転がっているのかネとクールに構えていたのだが、転がってるよ！　数々の美しい写真を目の当たりにしてたちまち夢中になってしまった。

いやー、めっちゃ豪華！

我が東京の老ワンルームマンションなんて比べ物にならない、ほとんど「お城」としか思えないような、夢のような邸宅ばかりがずらずらと並んでいるではないか。

しかもものすごくリーズナブルだ。安いものはなんと1泊3000円以下。7000〜8000円も払えばもうあらゆるインテリア、あらゆる間取り、あらゆる立地のお部屋が選びたい放題！　次々と部屋をチェックしていくだけで胸が高鳴ってくる……気づけば数時間があっという間に経過。これはゴージャス、これもオシャレすぎる！　などと目移りしまくってしまい、どこに決めたらいいのやら見当もつかない。

……これはいけない。

「準備はしない」と決めたばかりではなかったか。つまりは平常心でリヨンに臨むのではなかったか。それがいつの間にやら、平常心どころかディズニーのおとぎの国へ迷い込んでいくかのような舞い上がりっぷりである。

深呼吸をしてもう一度、条件を確認する。

そう、台所。住宅街。マルシェ。

まずはマルシェに照準を定める。ネット検索の結果、美食の街リヨンではそこかしこにマルシェが立つらしいことがわかったが、「クロワ・ルース」という地区のマルシェが最も大きく、しかも毎日開かれるらしい。

よし。クロワ・ルースだ。

そして台所。ほぼすべての家に台所はあるのだが、安い家の多くは部屋貸し方式で、台所は共有のようである。それはそれで未知の人との出会いもあり魅力的な気もしたが、今回の旅のコンセプトはいわば「プチ引っ越し」。刺激的な出会いはあってもいいけれど目的ではない。それよりも、自分で好きな時に好きなようにのんびり料理することのほうが重要だ。

となれば、ちょっと値段は張るが、部屋貸しではなく貸切のアパートに泊まるべきではないだろうか。

ということで、候補を絞り込んでいく。

いやしかし、やはり見ているだけで本当に楽しい。それぞれの家には実際に宿泊した人の評価コメントがついていて「食べログ」みたいなんだが、食べログと違って否定的なコメントは非常に少ない。「パーフェクト!」「ここに泊まらないなんていう選択肢はないわ!」みたいな、日本人的には気恥ずかしくなるような欧米的絶賛コメントがずらずら並ぶ。ホスト（貸主）についてのコメントも多い。「ピエールは本当に完璧に親切だった。素晴らしいホスト！」などなど、これまた絶賛のオンパレードである。それを見ていると、世界中の人が両手を広げて私を待ってくれているような気がしてくる。

だがここまで絶賛ばかりだと全然参考にならないではないか……と思っていたのだが、だんだんコツのようなものが見えてきた。ここではコメントがたくさんついていることが、良い家の証なのではなかろうか。というのも、ほとんどコメントがつかない家もあるのだ。エアビーには悪いコメントなら「しない」という文化があるのかもしれない。また当然ながら、民泊を始めたばかりの物件はコメント数も少ない。いずれにせよ、コメントがたくさんついているということは「高い評価の定まった」物件なのだと解釈する。

ということで、立地と見た目で絞り込んだ10ほどの物件の中から、良いコメントがたくさんついている、窓が大きくてスッキリと清潔そうなアパートに照準を定めることにした。

ホストの写真が、笑顔の家族に囲まれた優しそうなおじさんだったことも決め手になった。何しろこちとらフランス語もできないし、まごまごしたおばさんだし、そして初めての挑戦である。かっこいい芸術家タイプみたいな人よりも、素朴で安心できそうな人がいいと思ったのだ。

おじさんの名前は「ニコラ」とあった。

といっても、まだここで終わりではない。

画面の「予約をする」のボタンを押すと、身分証の提出などを求められた後、ホストにメッセージを添えて予約を申し込むのである。

そうなのね。英語で。しかも当然初対面の外国人にメッセージ……何をどう書けばいいのやら。

というわけで再びネット検索。ああ世の中には本当に親切な人がおられます。いくつかのサイトで「エアビー予約のための英語」を丁寧に紹介してくださっていた。ありがたくそれらを見るうちに、正しい英語が書ければいいわけじゃないということがわかってきた。「感じよく」そして「自己紹介をしっかり」ということが重要らしい。

なるほど。エアビー初心者の私にもだんだんわかってきましたよ。

エアビーはホテルとは違うのだ。人様のお宅をお借りするのである。エアビーという会社は、あくまで個人と個人の仲を取り持ってくれるにすぎない。なので、ポチッとボタンを押せば予約完了というわけにはいかない。最終決定権はホストにある。ホスト様に「この人になら貸してもいいか」と思っていただかねばならないのだ。

そう思ってサイトの例文を見ると、どれも簡潔ながらも素晴らしい文章である。「私はエンジニアで、出張で1週間ほど滞在することになりました。あなたの素敵なアパートでリラックスしながら過ごせたらとても嬉しいです」。確かにこれなら、この人はちゃんとした人で、こんなふうにアパートを使いたいんだな、だから私のアパートを気に入ってくれたのね……という過不足のないイメージが伝わる。

なんか、お見合いみたいですね……。

にわかに緊張する。

だって、「会社の出張で」と書けたら簡単に信用してもらえそうだけど、私は会社を辞めて肩書というものをなくしてしまったのだ。何をやってるんだか自分でもよくわからない人間なのである。しかも旅の目的が「生活」って、むちゃくちゃわかりにくいじゃないか！

なので、精一杯頭をひねって、こんなふうに書いてみた。

「フリーでモノ書きをしています。あなたの美しい街で、あなたのチャーミングなアパートに滞在してマルシェでの買い物を楽しみながら、リラックスして原稿を書きたいと考えています」

英語なのでどこまでちゃんと書き切れたかは不明だが、文法に固執しているといつまでたっても送れないので、「英語は得意じゃないらしいけど、まあ感じのいい人みたい」と思っていただければいいと思うことにした。下手にパーフェクトな英文を送って（送れないけど）「この人は英語が話せるのね」などと誤解されても後が面倒だ。で、ドキドキしながらホストのニコラにメッセージを送信。

……1日経過。

何がどうなっているのやら。っていうか、ちゃんとメッセージは届いているんだろうか？　もしかするとニコラが逡巡するような悪印象を与えてしまったのか？　悪い予感ばかりが頭を駆け巡るが、賽は投げられたのだ。もはや待つしかない。

と、翌日の夕方、エアビーからメッセージが届いた。

「リヨンの宿泊先が決まりましたね。」とある。

あ、決まったんだ！　ニコラが承認してくれたんだ！

思わず喜びが込み上げてくる。正確に言えばスキップしたいような気持ちである。入社試験の面接を通過したような感じだ。だって私は認められたのだ。会ったこともないフランス人に「合格」と言ってもらったのだ！

嬉しい！

……って、宿泊の予約が済んだだけでこの喜びよう。我ながら単純というかバカというか……。

でもね、エアビーなかなかである。「予約手続き完了のお知らせ」じゃなくて、「宿泊先が決まりましたね。」ですよ！　いやー、なんてよくできたメッセージなんだろう。まるで、教え子の成長を横で見守っている先生である。努力を見守り、成し遂げたことを一緒に喜んでくれているメンターである。私といえば、まるでお釈迦様の手のひらで右往左往している孫悟空である。


で、その後ニコラから、間髪をいれずメッセージが送られてきた。

「このたびは私の部屋を選んでくれてありがとう、リヨンにお越しになるのを歓迎します」とあった。

いやね、これは英語の慣用句なんだと思います。「暑中お見舞い申し上げます」みたいな。それでも私は嬉しかった。だって「歓迎します」ですよ！　私、リヨンにただの一人の知り合いもおりませんが、少なくとも一人、私を喜んで待っていてくれる人がいるのである。いやどれだけ喜んでくれているかどうかはわからないが、ってていうかそんなに大喜びは絶対してないと思うけど、少なくとも嫌だとは思っていないはずだ（と思う）。それだけでも、リヨンが見知らぬ土地ではなくなったような気がするのである。

さらに、ニコラのメッセージはそれだけでは終わらなかった。

「もし何か、わからないことがあったら、決して恥ずかしがらずに、何でも聞いてくださいね」

決して恥ずかしがらずに。ネバー・ヘジテイト。

ああなんて優しいのかしら。私が言ってほしかったのは、まさにこの言葉だった。だって私は、ザ・シャイな日本人。旅慣れているわけでもなく、しかも民泊初心者で、聞きたいこともわからないことも山ほどある。とはいえあんまりアホな質問をするわけにもいかないし……と、まさに「恥ずかしがって」いたのである。

ニコラ、どうして私の気持ちがわかったの？　……っていうか冷静に考えれば極東に住むアフロの心境などニコラにわかるはずもなく、つまりはこれもやはり慣用句で、ニコラはあらゆる予約者に同じメッセージを送っているに違いない。

だとしても、この一言が私の不安な気持ちを大いにリラックスさせてくれたことは間違いないのである。何かあればいつでもニコラに聞けばいいんだ、どんなバカなことでも聞いていいんだと思うだけで、旅の不安は9割がたどこかへ飛んで行ってしまった。

にしても、たかだか部屋を予約するだけで、こんなにもハラハラドキドキさせてくれる「エアビー」というシステムが、私はすっかり気に入ってしまった。なるほどインターネットとは、遠く離れた個人と個人をダイレクトにつなぐことのできるシステムなのだということを久しぶりに思い出した。そう、インターネットなかりせば、何のコネもない日本人の私がリヨンのニコラとこんなに簡単に出会って直接やり取りして家を借りるなんて絶対にできなかったろう。もちろんその背景にはエアビーアンドビーという巨大企業が絡んでいるのだが、エアビーはあくまで仲介者であって、思いを共有できる人同士がつながれるように、そしてスムーズにコミュニケーションが取れるように、励ましと演出に徹しているのである。

これは相当なチエモノが絡んでいるに違いない。

で、私も間髪をいれず、ニコラに「どうもありがとう。リヨンに行って、あなたの素敵なアパートに滞在することが今からとても楽しみです。出発の日が近づいてきたらまた連絡します」と、下手くそな英語で返事を書いた。たとえめちゃくちゃでも、ニコラはすぐに返事が返ってくることのほうが嬉しいだろうと思ったからである。親切なメッセージをくれたことへの、せめてものお礼の気持ちであった。

ニコラは喜んでくれたであろうか。

まだ見ぬリヨンの空に思いをはせる。


……


で、それから2ヶ月。私は予定通り、ニコラとの約束だけを頼りにリヨンへと旅立ったのであった。

繰り返すが、これから2週間、ニコラの家を借りて、普段と同じことをするつもりである。つまりは外食もしないし観光もショッピングもしない。なので美味しいレストランやら現地でしか買えない素敵な小物やら絶対見ておくべき観光スポットなどの情報は一切がっさい不要。ということで、事前の情報収集もせず、ガイドブックも持ってこなかった。荷物も頭の中もすっかりライトな旅立ちである。

こんな旅行は人生初だが、やってみれば、ああなんてラクチンなのかしら！　準備にかける時間や手間が飛躍的に減っただけではない。あれもしなきゃ、これもしなきゃ、ちゃんとできるかな……という追い立てられるようなあの感じは、思えばいつも出発前から発生していた。気づけば楽しいはずの旅行がいつの間にか「ノルマ」のごとくなっていたのだ。

あれは一体何だったんだろう。

そう、今にして思えばわかる。私は本当のところ自分が何をしたいのか、自分でもよくわかっていなかったのだ。だからこそ、ただただ懸命にキリのない情報を集めまくっていたのである。

でも今の私は違います! 自分が何をしたいのかわかっていれば、不安になってキョロキョロする必要なんてないのだ。

いやいや、私も大人になりました。

再び空港で

というわけで、「大人になった」私は一人、なーんの準備もせぬまま、単身リヨン空港に降り立ったのである。

で、「何をしたいのかわかっていれば、不安にならない」どころか、「ザ・不安でいっぱい」であった。何をどうしていいかわからず、キョロキョロしまくっているのだった。

だってそうでしょう！　閑散とした極寒の夜の空港で、一刻も早くタクシーに乗らねば今宵の宿が確保できないかもしれないのに、真っ暗なタクシー乗り場にはタクシーどころか誰一人いないのだ。状況から鑑みるに、そこにぼーっと何時間立っていたところでタクシーが来るとは考えられなかった。

もう誰でもいいから助けを求めるしかなかった。閑散とした空港に戻ると、案内所のカウンターで化粧の濃いマダムが暇そうに爪をいじっているのが見えた。彼女しかいない。つかつかと近寄って行き、ボンソワマダム！　私、今すぐタクシー乗りたい！　でもタクシーいない！　すごく困ってる！　どうしたらいいんでしょうか！と、手をブンブン振り回しながらめちゃくちゃな英語で必死に訴えた。ここで「はあ？　そんなこと私に言われてもねえ……待つしかないんじゃない？」なーんて肩をすくめて言われたら終わりである。そうは言わせてなるものかと気合いをこめまくったつもりである。

だがマダムにはそんな気合いは通じなかったようだ。眉一つ動かさず、ああそれなら乗り場にあるボタンを押してタクシーを呼べば来てくれるわよとさらりと言って、再び爪の手入れに戻った。

……何、ボタン？　そんなものあったっけ？　と半信半疑ながら、仕方がないので再び真っ暗なタクシー乗り場に一人戻り、目を三角にしてボタンらしきものを必死に探す。すると乗り場の看板の横にあった何の変哲もない金属製の棒に、小さな四角い突起のようなものがあるではないか。「これを押せ」とも何とも書かれてはいないが、もはや失うものもない。力一杯突起を押し込むと、3秒ほどたって、フランス語の男性の声が聞こえてきた。もちろん何を言っているのか全くわからなかったがそんなことはどうでもいい。私、今空港の前のタクシー乗り場にいるんです、でもタクシーいない、私はタクシーに乗りたい、乗らなきゃいけないんです！　と、再びめちゃくちゃな英語の出番である。

必死の訴えがどこまで通じたか不明のまま「ブチッ」と通信は途絶え、さらに待つこと数分。

真っ暗な山の向こうにヘッドライトの灯りがポツリと現れた。徐々にこちらに近づいてくる。車の上にタクシーの表示が見えた。

やったー！　助かった！

まさしく救助信号を発した難破船の遭難者の心境である。

にしても、わずか10分ほどの出来事を振り返ると、自分でもどんな英語を話したのか全く記憶がない。だが私にも「火事場の馬鹿力」というものがあったことは確かである。もう二度とそんな力は出したくないが。

運転手さんは若き黒人の女性であった。ニコッと笑って「ボンソワ」と言い、テキパキとスーツケースをトランクに入れてくれた彼女が、大げさじゃなくて観音様に見えた。

こうしてようやく、53歳の冒険の幕が開いたのである。

リヨンの14日間

/ Merci ! \

1日目（金曜日）ようやくニコラに会う

リヨン空港でやっと捕まえたタクシーに乗っていたのは、黒人のキュートな女性運転手さんだった。運転手といえば男性と思い込んでいたので不意を突かれ、それからものすごくホッとした。

だって頼る人はだーれもいない極寒の夜のリヨンで、彼女だけが、今私が頼ることのできる「蜘蛛の糸」なのである。

そうなんだ。ここで安心してる場合じゃない。ニコラに会うまでは彼女を絶対に手放してはならないのだ。空港を出てしまったからWi-Fiも使えない。ということはニコラと連絡の取りようがない。もしニコラに会えぬまま彼女に路上に放り出されてしまったら、私はまさに糸の切れた凧だ。さまようのは極寒のリヨンの夜。泊まる場所もなく、頼る人も誰もいない。

やはりリアルにマッチ売りの少女である。

しかしこうなってみると、「準備はしない」という我が作戦が、いかにリスクをはらんだものだったかを改めて実感せざるをえなかった。

旅行会社のツアーは言うに及ばず、個人旅行であっても、ガイドブックや雑誌の情報を頼りにプランを組めば、それだけで旅行者は「何か」に守られるのである。困ったことが起きたら旅行会社に、あるいは予約したホテルに、あるいは持参したホテルリストのどこかに連絡すれば、少なくとも路上で凍死することにはならない。

つまりはホテルに泊まる、ツアーに参加する、ガイドブックを見るといった、我々が何気なく頼っている従来型のシステムそのものが、旅行者を守るため長年かけて完成されたものだったのである。

ところが私は、旅行経験もスキルも全くないくせに「人がやりたいことと自分がやりたいことは違う」などと息巻いて、何の準備もせずここまでのこのこ来てしまった。『地球の歩き方』も持ってこなかった。それは確かに自由だったけれど、自由とは剥き出しの孤独であり、あらゆるリスクと隣り合わせなのであった。

唯一の頼みの綱であるホストのニコラは確かにいい人だと思う。だがしかし。本当に「いい人」かどうかも、誰かが保証してくれるわけじゃないのである。

エアビーはあくまで仲介のための場の提供者で、ホストはホテル業者ではない。「お金を払ってるんだからちゃんとしてくれて当然」などという理屈は通用しない。あくまで個人と個人の約束なのだ。互いの信頼関係がすべて。世界の片隅と片隅にいる全く見知らぬ者同士が、お互いにうまくコミュニケーションを取り、何とかこの地球上の1地点で顔を合わせ、家の鍵を受け渡すところまでこぎつけなければならない。

まるで壮大なゲームである。

っていうか、冷静に考えたらなんと心細いシステムであろう。予約ができた程度でキャッキャとはしゃいでいる場合ではなかった。パチンコ玉一つを持って戦場にやってきたようなものだ。

で、私はすでに失点を重ねていた。飛行機が大幅に遅れたことをうまく連絡できず、しかも空港でタクシーを捕まえるのに手間取ったので新たな待ち合わせ時間にも絶対に間に合わない。で、空港を出てしまったのでもうWi-Fi環境は失われ、タクシーの中から「また遅れそうです。ごめんなさい！」とニコラに連絡することもできないでいる。

このすべての失点をニコラは許してくれるのだろうか?

いくら「いい人」だって我慢の限界というものがある。ちゃんと待っていてくれるのだろうか?　この夜中の極寒の空の下で?

それは神のみぞ知る……なんて他人事のように言ってる場合じゃないよ。もし許してくれなかったら(つまりニコラが待っていてくれなかったら)私、どーなっちゃうの?

運転手さんは切羽詰まっている私の気配を察したのか、リヨンは古くてとても綺麗な街よ!　今日は雪が降ったのよ!　などと片言の英語で明るく話をしてくれる。とてもありがたいのだが、窓からうっすら見える暗く美しい街並みも、ここへ放り出されたら終わりだと思うと不気味な冷たさを持って迫ってくる。雪が降ったという情報にも改めてビビる。できればこの暖かい安全地帯(タクシーの中)から一生出たくないとすら思う。でももちろん、一刻も早く待ち合わせ場所に着かねばならない。ああ自分が一体どうしたいのかわけがわからなくなってくる。

そうこうするうちに、新たな待ち合わせ時間より15分ほど遅れて「この辺りよ！」と言われ、恐る恐る周囲を見回した。

いやー、真っ暗……。

住宅街だけにホテルの看板など全く見当たらない。こんなところで放り出されたら本当におしまいだ。

ニコラの顔を見るまでは絶対に降りないぞと固く決意し、待ち合わせ場所に指定された「アグリコル銀行」まで連れて行ってほしいとしつこく伝えると怪訝な顔をされた。こんな夜中に銀行行ってどーすると思ったのだろう。でも私にはそれを説明する英語力も気力もなかった。申し訳なし。しかし彼女はやっぱりいい人で、一生懸命ぐるぐると広場を回り、「あった！　あそこ！」と明るい声をあげた。目をこらすと、確かに緑色の光る文字でアグリコルと書いてあるじゃありませんか！

だがまだ安心はできない。肝心のニコラはいるのか……？

と思ったら、銀行の前で頭頂部の禿げた「お父さん」タイプの背の高いおじさまが寒さに首をすくめながら立っているではありませんか。

やったー！　た、助かった！

タクシーがとまると、おじさんはパッと笑顔で近づいてきて、運転手さんが開けたトランクからすかさず私の赤いスーツケースを取り出してくれた。ああ運転手さん本当にありがとう！　そしてニコラ、本当に待たせてごめんなさい、寒い中待っていてくれて本当にありがとうと一生懸命伝えたつもりだったんですが、何しろ英語なのでどれだけのことが言えたのかは不明です。

しかしこれでようやく、マッチ売りの少女にならずに済みました。私とリヨンをつなぐ命綱がようやく確保できたのです。

なんと素晴らしいアパルトマン

で、いよいよ銀行の横にあるドアの鍵を開けて建物の中へ！

それはいいんだが、ニコラがドア脇の突起に鍵をかざしてオートロックを解除するのを見て、機械アレルギーの私は再びビビる。そうだよ。鍵のこと、お湯の出し方、台所の使い方、暖房の方法など、教えてもらわねばならないことは山ほどある。しかも全部英語で……。もうヘトヘトだし午後9時をとっくに過ぎているが、気を抜いている場合ではない。

古い石の階段を私のスーツケースを持ちながら、足音を立てないようにそーっと上がっていくニコラ。

それを見て再び緊張。そう何度も言うがここはホテルじゃない。一般のお宅である。そして、改めて考えてみれば日本で民泊といえば「迷惑施設扱い」だ。利用者はルールを守らない。騒ぐ。ゴミ出しがダメ。気味が悪い……などと決めつけられている。その事情は外国であれ大きくは変わるまい。ニコラがそーっと歩いているということは、おそらくは過去に階段を夜にドタドタと上がった不届きな旅行者が存在し、近所から苦情が出たのではなかろうか。

つまりは私は最初から「不審人物」なのである。異国で東京のように暮らしたいな

ど と意気込んでみたものの、すでにハンディを背負った存在なのだ。
ならば最低限、これ以上嫌われないようにしなければならぬ。ニコラの後をついて、精一杯そーっと抜き足差し足で階段を上がっていく。

で、ニコラが古い木のドアを開けた瞬間、わお～、素敵～!! と、思わず声が出た。
っていうか、正確に言うと、ここはどう考えても声を出すべき場面であった。だってニコラは2時間半遅れの飛行機にやきもきし、それでも「大丈夫、心配しないで」とメッセージを送ってくれて、さらにはポータブルのWi-Fiを持っていないがゆえに連絡もせず再び遅刻した私のために、あの寒い中、多分20分くらいぼーっと立って待っていてくれたのである。そのニコラがバーンとドアを開けてくれたのだから、ここは感嘆の声をあげなくてどうする！　もう英語が変とかそんなことを気にしてる場合じゃない。もう精一杯に、ワオ〜っと。もう何語なんだかよくわからんが、とにかく洋風な感じで……。

でも本当にね、心から、わーっと思ったのだ。

まず何よりも、あったかい!!

暖房ガンガンっていう暖かさじゃないけど、普通に、ほんのり、幸せに暖かいのである。さっきまでマッチ売りの少女として死ぬと思っていた身には尚更この暖かさが暖かい。

なので「あったかい！」と言ったら、ニコラ、ニッコリ笑って「そうなんだよ。寒くないんだよ部屋の中は！」と、当たり前のことを私に付き合ってニコニコと言ってくれた。

そして部屋が広い！　明るい！　って、まあ電気がついてるんだから当たり前だけど、あのリヨン空港の真っ暗なタクシー乗り場の記憶が抜けきっていない身には、本当にこの明るさが身にしみた。

そう、まるでエベレスト登頂から無事ベースキャンプに戻ってきたかのような感覚である（大げさ）。

でも本当に、エアビーのサイトの写真で見たよりも、ずーっとずーっと立派な家だった。広い台所には3口コンロがあり、電子レンジがあり、オーブンがあり、飛び出る食パントースターがあり（懐かしい）、湯沸かしポットがあり、大型の冷蔵庫があり、もう我が家の100倍充実している。

リビングには大きな窓が二つ。大型テレビとソファー。

寝室にはキングサイズのベッド。

シャワールームもピカピカで、美しいドレッサーには可愛らしいおしゃれなタイルが埋め込まれている。

この部屋使いたい放題で8000円台って、そりゃ安すぎでしょう！

しかもダイニングテーブルの上には赤ワインが置いてあり、「これはプレゼントだよ」とのこと。冷蔵庫の中にもヨーグルトとミルクが入っていてご自由にどうぞと。さらにポテトチップスとビスケット、ミネラルウォーター2本もあった。

ふかふかのバスタオルとフェイスタオルは2セット用意してくれていた。「だってほら、あなたはかなり長期の滞在になるからね」

洗面台にはおしゃれなシャンプーとリンスが当然のごとく置いてある。さらに洗濯機用の洗剤も、フランス語が読めないのでよくわからなかったが、おそらくは目的別に何種類も置いてあった。

これが民泊の標準仕様なのだろうか？　正直、タオルも石けんも何もない可能性があると思ってやってきたので（事前に質問すればよかったんだが、そんな細かいことを聞くのがなんだか恥ずかしくて聞けなかった。ネバー・ヘジテイトというのは実際には難しい）びっくりした。だって、もうこれだったらホテルと一緒じゃないの。

さらに、部屋にはリヨンに関するありとあらゆる観光ガイドブックやパンフレットがずらりと置いてあった。市内の地図、地下鉄の路線図、レストランガイド、名所ガイドなどなど。本当に全く何の準備もせずに来てしまったので、これは本当にありがたかった。でも全部フランス語なんだけどね。

ここはホテルじゃない

さらにニコラは、近くのスーパーと、オススメのレストランをびっしりと手書きした一覧メモを用意してくれていた。全部歩いて5分以内のところにあるよ！　とのこと。なるほど。エアビーのサイトで、別のホストがクロワ・ルースを「小さな村」と表現していたけれど、本当にそんな感じの場所なんだなあ。近所でなんでも揃う。私が住んでいる東京の下町とちょっと似ていると思うと元気が出てくる。

ニコラは「中でも絶対のオススメのレストランはここだよ！」と、冷蔵庫に貼っていたショップカードを指差して、つい先日妻と行ってきたんだけど本当に素晴らしかった、だからぜひ行くといいよ、僕に勧められたと伝えてくれたらいいよと熱心に言ってくれた。まあ私は自炊をする計画なのでレストランに行くつもりはないんだが、その気持ちが嬉しくて、うんうんと聞く。

でも私が一番聞きたかったのはマルシェのことだったから、もう夜も遅かったがこれだけは聞いておかなくちゃと「ここでは大きなマルシェが開かれるって聞いたんですけど」と尋ねると、ああそうなんだ。ここは素晴らしいマルシェが開かれるんだよ、本当にすぐ近くだよと言って、窓から外を指差して、あそこの通りだよと教えてくれる。わあ本当に近い！　朝早くから1日中やってるんだよ、特に土曜日と日曜日はたくさんのお店が……あ、明日は土曜日だよね。明日はいっぱい店が出るよ。あと火曜日は特別に布製品や雑貨のマルシェも立つんだ、リヨンではここだけなんだと胸を張るニコラが微笑ましかった。

でもニコラにはまだ、私に伝えなければいけない重要なことが残っていたのだ。それは、鍵の開け閉めについてである。

何しろ古い家だから、ドアも古めかしい重厚な木製。日本のマンションみたいにはいかないのだ。ニコラによると、鍵穴は三つあるけれど使うのは上と真ん中だけで、しかも鍵は二束あって、一つは玄関のドア用、もう一つは部屋のドア用で……ヤ、ヤヤコシイ……あからさまに不安な顔をしていると実際にやってみせてくれた。「一番上の鍵穴は、1回もしくは2回まわすんだ」。なぬ？　1回もしくは2回？　なんで2パターン？　どっちかにしてほしいと思ったが、もう時間も時間なのでこれ以上無

駄な会話をするわけにもいかず、ウンと頷く。でもどう考えても自信が持てなかったので（これができなきゃ部屋に入れずマッチ売りの少女に逆戻り）、実際にやってみると、なんと、まわそうとしてもビクとも動かないではないか！

「力を入れちゃダメなんだ」とニコラ。

えーっ、そんな微妙なテクニックが必要なの？　こんな夜中に必死である。鍵を軽く差し込むようにして必死に何度もトライするとようやくまわった。こ、こんなんで大丈夫か私……。「大丈夫大丈夫、心配ないから！」とニコラ。いやまあ確かに、あなたもこんなことにいつまでも付き合ってるわけにいかないのはわかりますけどね、でもやっぱり心配なのでもう1回やらせてもらい、何とかうまくいったのでギリギリこれでよしとする。

でもまだニコラは帰らない。

実は鍵のことで本当に伝えたかったのは、別のことだったのだ。「ドアは、ゆっくり静かに閉めてほしいんだ。ここは廊下の音が響くので、以前、乱暴にドアを開け閉めしたゲストがいて、近所から苦情が来たんだよ」

な、なるほど。例の民泊問題ですね！

先ほど、ニコラが抜き足差し足で階段を上っていたことを思い出した。もしやニコラ、ここで民泊を経営していることで近所から白い目で見られているのかもしれない。だとしたら大変申し訳ないことである。世話を受けている宿泊者として、これ以上ニコラのイメージを悪くするわけにはいかない。それに何よりも、私自身が近所の人から白い目で見られるのは辛いものがある。もうこれは絶対に、ドアは最大限静かに開け閉めをするぞ！　と心に誓う。

しかしドアを開け閉めするだけで全く大ごとだ。鍵は2種類だし、鍵穴は無駄にいっぱいあるし、1回ないし2回まわすという謎のシステムだし、オートロックで勝手に鍵かかっちゃうし、ドアは静かに閉めなきゃいけないし……などと頭の中で必死に復習していると、ニコラが「ここの下に住んでいるのは70歳の大学教授なんだよ。上に住んでいるのはチャイニーズの女の子」と教えてくれる。

なるほど。私はその方々に迷惑をかけずに過ごさねばならないのだ。頭の中に、厳しい教授と神経質なチャイニーズ女子の顔（いずれもイメージです）がインプットされた。

気づけばもう10時半を回っている。困ったことがあったらいつでも連絡してねと言って、ニコラは去っていった。改めて、夜遅くまで待っていてくれて本当にありがとうと言って別れる。

かちゃり、とオートロックの鍵が閉まり、一人部屋に残される。

窓の外からは、隣のカフェで賑やかにおしゃべりをしているフランス人の声が聞こえてくる。

一難去ってまた一難……

さて。

もう寝たいところだが、明日のためにちょっとだけ情報を調べておくことにする。

何はともあれ食べるものを買いに行かなくちゃならないので、ネットでクロワ・ルースのマルシェ情報を確認しようとパソコンを立ち上げた。

ニコラが残したメモに従ってパスワードを打ち込むと……つながった！　いやそのくらいでいちいち感激するなって話ですが、ついさっきまでWi-Fiがつながらないことにさんざん心もとない思いをしてきたので本当に夢みたいである。ああもう怖いものなんてない。何があってもここへ帰って来れば、暖かくて、ご飯も食べられて、外の世界とも確実に連絡が取れるのだから……あ、そうそう。パソコンと携帯を充電しておかなくっちゃね。スーツケースから世界に通用するマルチタイプの変換器を取り出し、コンセントに接続……しようと思ったら、なんと、ささらないよ？

いや、ちゃんと差し込む「突起」はあるのだ。ところがアパートの電源の差込口が凹型に引っ込んでいるので、大きな本体が邪魔をして突起が穴に届かない。いやいやそんなはずはないよね？　いやしくも「マルチタイプ」とうたった商品なのだ。ものすごいマイナーな国ならともかく、フランスですよ？　日本人の旅行先としてかなりの人気国ですよ。そこで使えないマルチタイプなんてありえないでしょと思っていろいろトライしてみるが、どうしたってささらないのである。困ってネットで製品名を打ち込み「ささらない」「フランス」などのキーワードで検索してみると……がーん。「フランスでは使えません」というユーザーの書き込みがあるではないか！　いやいやいやこんなこと書き込まれてる場合じゃないでしょうメーカーさん。っていうか書き込まれた時点で「マルチタイプ」っていう看板下ろしてもらわないと!!

っていうか、一体どうすればいいの？

そうなのだ。最初は「ささらない！」っていうことに驚いていただけだったが、ふとこれが何を意味するのかを考えて、私の背筋は凍りついた。

パソコンの電源が確保できなければ、いくらWi-Fiがつながっていたって当然のことながら何にもならないのだ。私の外部との接触手段はすべて切れるのである。雑誌連載の原稿を送ることも、当地で落ち合う予定の酒蔵ツアー仲間と連絡を取ることもできない。

パニックになった頭で、ついさっきニコラが「困ったことがあったらいつでも連絡して」と言っていたことを思い出し、確かにこの地で唯一頼れる人であるニコラに連絡してみようと思い立つ。ぐずぐずしている暇はない。貴重な電気様がパソコンの中に残っているうちに何とか解決手段を見出さねばならないのだ。

実はカクカクシカジカで「この近くで変換器を売っていそうな電器屋さんを教えてほしい」とメッセージを打つ。変換器なんて英語でなんていうのかわからなかったので、ネットで調べたら「コンバーター」とあったので、それを打ち込んだ。

しかしこういう翻訳だってネットがなけりゃどうにもならない。しかも、ニコラからの返事がいつ返ってくるかはわからない。何しろもう夜の11時をとっくに回っていたし、日本からやり取りしていた時は、返事が来るまで1日以上かかっていた。あの時はこちらも全く急いでいなかったからどうってことなかったが、今は一刻を争うのだ。

でも私にできることはもう何もなかった。貴重な電気の節約のためパソコンと携帯の電源を落とし、静かに放置。

先ほどまではなんとなく好ましかった外のカフェの喧騒も、こうなってくると不穏な響きを伴って聞こえてくる。言葉もできぬ国でただ一人ということがどういうことなのか、そのリスクを甘く見ていたことに今さらながら気づいて動揺する。

何とか落ち着こうと、ニコラがサービスで置いていってくれたペリエのプラスチックの蓋をひねると、「プシュ」という音とともに炭酸が噴き出した。ピリッとした刺激が心を少しだけ浮き立たせてくれた。ふと最後の機内食からかなり時間が経過していたことに気づき、ニコラが置いていったポテトチップスの袋を開けたら瞬く間に一袋をバリバリ食べつくしてしまう。ストレスのせいだろうか。健康に命をかけている中年女性にあるまじき行動に思わず落ち込むが、もはやそんなコトを言っている場合じゃない。ポテトチップスを何袋たいらげようがとにかくこの事態を乗り越えねばならないのだ。

ふと、気晴らしと、万一情報が得られるかもという期待とで、携帯の電源を入れてフェイスブックにこの難局について投稿する。再び糸の切れた凧化しそうな身にとっては、たとえそれが遠い日本であっても、何かとつながっていたかった。


そして、再び電源を切る。シーン……。


にしても、私って立派なネット依存だなと思い苦笑する。

ネット音痴なのにネット依存。それだけじゃなくて立派な電気依存である。節電家なのに。電気はたくさんは要らないが「ない」と本当に困ってしまう。いや困ってしまうどころか死活問題だ。

昔はね、そんなことは全くなかった。今をさかのぼること30年前、就職前の卒業旅行で、初めて友人と二人ヨーロッパを貧乏旅行した時は変換器なんて持って行かなかった。使い道がなかったのだ。

しかし今や、そんなわけにはいかない。

旅行会社にも、『地球の歩き方』にも頼らない「自分なりの旅」ができるとしたら、それは多分にネット（電気）のおかげなのだ。大きな仕組みに頼らない分、自分なりに構築した個人のネットワークに頼っているのである。そしてそれは、インターネットなくしては成り立たないネットワークである。

で、そんな時代を生きるには電源が不可欠なのであった。

ああそれにしても電源一つでまさかこれほどの苦境に陥るとは！　巨大システムへの依存を少しでも減らそうとしている身としては誠に不覚……と考えていて、ふとあることを思いつき一人ニヤニヤした。そうだよ。コンセントに頼る必要なんてない。ソーラー充電器を持ち歩けばいいのだ。太陽はどの国でも空に浮いている。冷蔵庫がなくても野菜を干せば保存できるのと同じである。日本でだってコンセントのあるカフェを探してウロウロする必要もないじゃないの。

もし無事に電源を確保できたら（できるかどうかわからないが）早速検索してみようっと……あ、またネット頼み！　うーん。

なーんてしょうもないことを考えている間に時計はとっくに夜中の12時を回り、リヨン生活は2日目へと突入していた。

とりあえず、今日できることはもう何もない。

歯磨きをして、シャワーを浴びて（こんなに立派な家なのにバスタブがないんだね……）、広すぎる寝室へ。

キングサイズのベッドは、部屋が暖かいので掛け布団がとても軽い。これがとても気持ちがいい。あれこれの危機を思えば、っていうかまだ危機は続いているが、何はともあれ、この広くて暖かい寝床にありつけたことだけでも誠にありがたいことである。

さすがに疲れていて、すぐに眠りにつく。

2日目（土曜日）
「生活」をスタートする

不安と時差ぼけで、真っ暗なうちに目が覚めた……。と思ったら、時計を見たらもう6時半。なるほど朝が暗いのだねリヨン。何しろほぼ稚内と同じ緯度らしいからね。

さあ起きるとするか……。

しかし部屋が暖かいのって本当に楽ちんだ。起きるのに何のプレッシャーも感じない。そう、このアパートは24時間空調なのである。

不本意ではあるが、思わず幸せを噛みしめざるをえない。というのも不肖私、原発事故を機に暖房をやめて7年。それなりに慣れたとはいえ、いつも寒い季節に暖かい布団から出て行く時だけは「ウッ」となっているのである。

なので思わぬ暖かさに機嫌よくベッドから飛び出して、「まあ用でも足すか」とトイレに行って驚いた。

さ、寒い！　極寒である。この幸せな暖かさの中で、なぜかこの空間だけがポツリと仲間外れにされているのであった。木の便座も跳び上がるほど冷たい。血管が弱った老人ならショック死するレベルに思える。一体なぜトイレだけがこのような扱いを？

……なんてことはどうでもいい。何はともあれ「電源問題」である。

携帯の電源をオンにしてフェイスブックを開くと、まあなんということでしょう！　友達の一人が「リヨンに知り合いがいるから連絡を取ってみて」とメッセージに連絡先を書き込んでくれていた！　予期せぬ親切に目頭が熱くなる。そしてインターネット万歳！　しかしよく考えると「ネット頼み」ゆえに不安に陥っているのである。人生は複雑です。

しかし何はともあれ早速その友人の友人（日本人女性）にメッセージを送り、変換器が買える電器店を教えていただけないでしょうかとお願いをする。

ニコラからも昨夜のうちに返事が来ていた。あんなに遅い時間だったのにすぐ対応してくれたのだ。本当に良い人ばかりである。で、あいにく近所にはそういうお店はないけれど、メトロに乗れば大きな電器屋さんが二つあるよ、僕もよく利用するけどいいお店だよと、店の名前と最寄駅が記されていた。友人が紹介してくれた女性からもすぐ返事が返ってきて、オススメの電器店の名前と場所と、でもそこには売っていないかもしれないので「1個でよければ私のをお貸しできます」とあった。

——ああ助かった！　地獄に仏とはまさにこのことだ。

皆さま、本当に本当にありがとうございます！（涙）

ホッとしたところで、気を取り直してさっそく「生活」開始である。

規則正しい生活

起床。それから1杯の白湯を飲む……のであった。

ところが。立派な台所の広い棚の中のどこを探してもやかんがない。その代わり、ティファールの電気湯沸かし器があった。ティファール。フランスが誇る世界的調理家電メーカー。なるほどここはフランスだ。節電家としては不本意だが仕方あるまい。せめて無駄な電気を使わぬよう、マグカップ1杯分の水を入れてスイッチを入れると、ほぼ一瞬で湯が沸いた。

……は、速い！

日ごろ原始的な生活を送っていると、こういうところでいちいち感動するのでお得である。立派なソファーに座って、ありがたく電気で沸かした湯をいただく。

それから歯を磨く。私は歯磨き粉を使わないので、使うのは日本から持参した歯ブラシ1本である。暖かく立派な洗面所で、丁寧にしゃかしゃかと歯をこする。

次はヨガだ。

さあどこでやろうかしらと部屋を見渡し、重要な事実に気づく。床がツルツルのタイル。さすがに硬いタイルの上では、いつもやっている逆立ちのポーズをすると頭が滑りそうである。っていうか痛そうだ。それに考えてみれば、ここって土足だよな……。仕方がないので逆立ちは諦めて、いつもはやらない立ちポーズをやることにした。

テレビ前のスペースだったので、黒い画面が鏡になって自分の姿勢を確認することができる。これはこれでなかなか具合がよろしい。

で、ヨガを終える。

以上。

……っていうか、こんなことをわざわざリヨンまで来て一人せっせとやっている自分に我ながら呆れるが、ここでくじけてはいけない。

何しろ「普段の自分」で勝負をするのだ。人に見られていないからといって手抜きをしてはいけない。誰も見てなくても神様はきっと見ているはず。それが証拠に、少し気持ちが落ち着いてきた気がする。何しろ日本を出て以来、ずっとハプニングに翻弄され続けたのだ。どんなに些細なことであれ、自力で何かが確実にできるということ（それがたとえお湯を飲むというだけのことであったとしても）はありがたいことである。

マルシェ

さて。少し落ち着いたところで、何はともあれ食材を買いに行かねばならない。そうマルシェである。

ここからが本当の勝負だ。果たして「普段の自分」はリヨンの人々に通用するのか？　ちゃんとコミュニケーションできるのか？　フランス語全然できないけどそれでもイケるのか？

「たのもう〜」という言葉が脳内をこだまする。ひとり勝手に戦闘開始である。

さあ行くぞ！　と、勢いよくアパートを出て行こうとしたが、案の定、鍵が回らない……。落ち着けと唱えながら何度かトライし、ようやく右だったか左だったかわからないが1回か2回かくるりと回して何とか施錠し、抜き足差し足で階段を下りていくと、2階の部屋のドアに小さな表札が貼ってあった。なるほどこれが70歳教授の部屋なのね。ご迷惑をかけないよう頑張りますのでどうかよろしくお願いしますと頭を下げ、1階まで下りてさあ外へ……と思ったら今度はドアが開かないじゃないの！　ああそうだオートロック。きっとどこかに何かが……と思って探すと、白いボタンのようなものがあってそこを押したら「カチリ」と音がした。やった！　ロック解除成功！　ところが今度はドアを引くんだか押すんだか、さらには取手がどこにあるのかがわからない。数分間あれこれ扉を押したり引いたり再びボタンを押したりを繰り返し、ようやく扉を開けることに成功し、やっと「勢いよく」外へ出て行ったのであった。はあはあ……。

外はひんやりとしていた。やっぱりまだ寒いリヨンである。

大通りのほうへ歩いていくと、おお確かにマルシェが開かれておりますぞ！　通り沿いにずらりと白いテントが並んでいる。アパートにあった地図によると、ここは「クロワ・ルース大通り」というらしい。しかし大通りといっても車はほとんど通っておらず、実に静かでのんびりとしたムードである。

だが私の心は「のんびり」とはいかないのであった。

何度も言うが戦闘モード。というのも、私のこのたびの海外生活にあたっての心の支えが「食事作り」。これがうまくいくかどうかがこの旅のカギを握っていると言っても過言ではない。

だって人間、日々うまいものさえ食べていれば大体シアワセなのではなかろうか？ならば、旅先でも自炊さえできればきっと大丈夫だ（と思う）。何しろ好きなものを好きな時に好きなだけ食べられるのだ。それさえできれば、当地で楽しいことなど何もなかったとしても（あってほしいけど）何とか耐えられそうである（と思いたい）。

さらに、自炊するとなれば日々食材を買わねばならない。そのリアルな買い物を通じて、あわよくば店の人と「友達」とまではいかぬまでも「知り合い」になることもできちゃったりして……。

などと人知れずあれこれの野望を抱き、肩をいからせてマルシェの入り口へ足を踏み入れるアフロであった。

と、いきなり遭遇したのが、路上に置いた小さな机の上に黄色いミモザの花を並べて売っているほっぺたの赤いおじさんである。お花屋さんというより、田舎の人が近所で咲いていた花をザクザク切って持って来た風情だ。たいへん感じがいい。素朴でお洒落である。なるほどフランスだなあと嬉しくなる……と言いたいところだが、旅慣れぬおばさんは思わず気後れしたのであった。このさりげないお洒落さは明らかに異国である。東京の我が行きつけである近所の豆腐屋のおっちゃんとは違うのだ。

でもこんなところでひるんでいる場合じゃないので、ミモザおじさんの前を素通りし、まずは何を売っているか、値段はどれくらいするのか、そもそも値段の表示が読めるのか、どんなシステムで売り買いされているのかを観察するため、両側の店を眺め、深呼吸しながらゆっくり歩く。

うんうん。10年くらい前にパリ旅行で見たのと基本的には同じだ。圧倒的多数の八百屋さんの間に、チーズ屋さん、肉屋さん、ナッツ屋さん、そしてマルシェにつきものの鳥の丸焼きブース。パン屋さんやスパイス屋さんもある。それが100メートル

以上続く。大変に立派なマルシェである。

だがフランス人の手書き文字が実に読みにくくて肝心の値段がよくわからない。しかも、値段表示はグラムやキロ単位。日本では袋詰めを買っているので、1キロと言われてもそれがどのくらいの量になるのかさっぱりわからないんですけど……。そしてふと気づけば、周囲はどう見ても「地元の人」ばかりである。日本人どころか東洋人なんて誰もいない。ものすごく浮いている気がして落ち着かない。

そうなのだ。ここは観光地じゃないのである。普通のフランス人が普通に暮らす地方都市の住宅街なのだ。で、そういう場所に滞在したいと望んだのは誰あろうこの私である。きっと何か都合の良い妄想を抱いていたのであろう（地元の人に溶け込んであれこれ可愛がってもらうなど）。だが現実はそんなおとぎ話のようなことが起きるはずもない。ああなんでこんなところに来ちゃったのかしらと思う。もう絶対不審者と思われているんだろうなと自意識過剰になり、ますます身が縮んでくるのであった。

でも餓死するわけにはいかないので、何はともあれ野菜を買うぞと心を固める。あと、パリ在住歴のある姉から「とにかくフランスはバターが美味しい。パンにバターを塗って食べるだけで幸せになれる」と聞いていたのでパンとバターも買うことにする。そう、今の私に必要なものは間違いなく「幸せ」だ。

よし目標は決まった。


まずは野菜、野菜……と。

改めて見てみると、フランスの野菜って夏野菜が多い。3月とはいえまだ寒いのに、トマトが売っている。ナスも売っている。ピーマンも売っている。ハウス栽培なのか？　どれもピカピカで美味しそうだが、前夜の「マッチ売りの少女の恐怖」の記憶冷めやらぬ身としては、夏野菜のサラダなどではなく、とにかく温かいスープが飲みたかった。

目についたのが「ポロ葱」である。日本のネギの倍くらい太い白ネギ。食べたことはないが、スープにしたらいかにも温まりそうだ。

だが。

どの八百屋でも、店の人と客がいかにも親しげにワーワーとやり取りをしている。見るだけなら大変微笑ましい光景である。でも自分もそこへ参加するとなると、どうやって割り込んでいけばいいのかさっぱりわからない。気づけば手も足も出ぬまま、マルシェの終点近くまで来ていたのであった。

ああ何をしてるんだ！

だがありがたいことに、駅から離れたせいか、徐々にヒマそうな店が多くなってきた。これなら不審者でも相手にしてくれそうだ。

思い切って客が誰もいない八百屋さんに近づき、引きつった笑顔でボンジュールと言って、ポロ葱を指差してみる。

八百屋のおじさん、まさか東洋人のアフロが買い物に来るなんて思っていなかったのであろう。それとも私の引きつった笑顔が伝染したのだろうか。なんだかこわばった笑顔である。申し訳なく思う。しかしやはり商売人だ。こわばった笑顔のままうんうんと頷きながら、大きなポロ葱を1本袋に入れてくれた。さらに黒い大根と、日本では見かけない緑の小さなサラダ野菜を指差すと、それも適当につまんで袋に入れてくれた。図に乗って人参も指差したら、3本手に取って「これでいい？」という身振りをしたのでウンウンと頷くと、それも袋に入れてくれた。

まるでジェスチャーゲームのようだ。

値段を言われたが当然聞き取れず、ドキドキしながら当てずっぽうで5ユーロ札を渡すと、お釣りをくれたのでホッとする。見ると1ユーロ以上あった。つまりあれだけ買って3ユーロちょっと(400円くらい?)。いやいや安いよフランスの野菜!

なるほど。少しつかめてきましたよ。

一つは、マルシェでは重量を言って野菜を買う(100グラムください、など)のかと思っていたが、好きな個数でも買えるのだ。そして多少の相場観もわかった。野菜の値段は日本より安い。

ということで少し気を良くしてクルリとUターンし、パン屋さんでパンを買う。おじさんは

とても愛想の良い人で、片言の英語で「どこから来たの」と聞かれたのでジャポンと言うと、僕もいつか日本に行ってみたいなあと言ってくれた。きっとその場で思いついた社交辞令だったと思うけれど、つまりはおじさんはかつて一度も「日本に行きたい」なんて考えたことはなかったと思うけれど、きっと私を喜ばせるためにそう言ってくれたのだ。社交辞令とは愛である。ありがたいと思う。

あとはバターである。

しかし、チーズ屋はあまたあれど、バター屋なんてない。でもチーズとバターは親戚みたいなものだから、きっとチーズ屋にはバターがあるんじゃないかと思って物色していたら、これ

がまた全然ないんだよ……。しかしようやく、ある大きなチーズ屋さんでショーケースの一番はしっこに、紙に包まれた四角い塊があるのを発見した。パッケージの名前も「B」で始まっているので、バターに違いないと信じることにする。

ここは人気店のようで、常連客と楽しそうにやり取りしている店員さんがバター（らしきもの）の前でじいっと佇む私に気づいてくれるまで、ゆうに5分以上は待つしかなかった。でも商品名を発音できない私としてはこの場所から移動することができないのであった。ようやくすべての客がいなくなったところで、店員さんに手を振って必死にバターの方向を指差す。「え、どれ？　これ？　え、違う？　こっち？　また違うって？　じゃあこれ？　あ、これね。はいどーぞ」みたいな感じで面倒くさそうにご対応いただき、ひたすら低姿勢でメルシーと商品を受け取ったけれどニコリともされず、まあそういうこともあるさ、でもちゃんと買えたからよしとしようと気を取り直し、帰りがけに、1プレートでそれぞれ1ユーロで売っていた玉ねぎ5個と、山盛りのホワイトマッシュルーム（安いね全く）も買ってマルシェを後にしたのでありました。

いやいやいや、疲れました。緊張しました。そして、やはり言葉ができないので店の方々には色々とご迷惑をかけてしまいました。どことなくイライラされて落ち込まなかったといえば嘘になります。「海外でもいつもの自分の生活をする」などと張り切ってやって来たものの、過去の海外旅行でガイドブック片手にマゴマゴとブランドショッピングをしていた自分とどこが違うのかという気がしてくる。

いやしかし！

少なくとも、どこぞの誰かの「オススメ情報」などに頼ることなく、今日食べたいものを自分で考えて、どこで何を買うか、自分で見て、考えて、決めたではないか。ちゃんと生活をしております。ただ慣れていないだけ……と一生懸命自分に言い聞かせる。

自炊

で、戦利品を手にアパートへ帰ると、案の定鍵がうまく開かない……っていうか、ちゃんと回したはずがなぜかドアが開かず、となると鍵穴が二つあるのでどっちが開いていないのかが判然とせず、焦って二つの鍵を右へ回したり左へ回したりしているうちにもう全くわけがわからなくなってくる。落ち着け落ち着けと自分に言い聞かせながら5分ほど苦闘して、ようやく鍵は、かちゃりと開いたのでありました。

あーよかった!

っていうか、なんでこんないちいち何をするのもドキドキしなきゃいけないんだ!

と思いつつ、暖かい家に戻ってホッとする。

早速戦利品を広げて昼食作りにとりかかる。まだ朝の10時過ぎだけど、とにかく「メシを作って食べる」という我が陣地を構築しないことにはどうにも気持ちが落ち着かなかったのだ。

何はともあれ、念願のポロ葱のスープである。

まな板を取り出して、包丁を探す。あったあった。引き出しの中に10本ほどもある。ちなみに我が家の包丁は1本です。なんと充実した台所でありましょう。

ところが。

適当な大きさのやつを手にとっていざネギを切ろうとしたら……。

いやー、全然切れない！　っていうか、何度包丁を動かしてもネギに「刺さる」ことすらないではないか。他の包丁も試してみたがいずれも同様。

これは、切れるとか切れないとかいうレベルをはるかに超えている。

……っていうか、これって本当に包丁？

日本を発つ時、例の姉に「包丁は絶対持っていくべき」「冗談かと思うくらい切れないから」と言われていたのだが、まあ何とかなるべしと思っていた。しかし確かにこれは全くなんともならん。

でも曲がりなりにも包丁の格好はしている

のだから、全然切れないってことはあるまいと、発想を切り替えて「これはノコギリ」と思うことにした。丸太（ポロ葱）を根気よくキコキコ切るイメージである……確かに少しずつは切れるが、本当にリアルに「少しずつ」である。相当な力を入れねばならない。なので最後は勢い余って、まな板までギコギコ切ることになってしまう。ふと見ると、すでにまな板は傷だらけであった。ああ過去に泊まった人もみんなこれで苦労してたんだなあ……。それでもなお「切れない」を改善しようとしないフランスの包丁業界、ナゾである。

にしてもポロ葱……か、硬い！　日本の白ネギとは全く違う。特に青い葉のところが硬くて、ここはノコギリでもどうにもならん。そうだハサミで切ったほうが早いとキッチンバサミ（二つあった）で切ろうとしたが、これがまた全く切れない（二つとも）……。そうこうするうちに、最も切れるのは「パン切り包丁」であることが判明。ギザギザの歯で何とかネギを捉えてギコギコと切り終え、マッシュルームも入れてグツグツ煮込んで日本から持参した味噌を入れて、念願の温かいスープ（っていうか味噌汁ですね）完成である。

それからパンをパン切り包丁で切ってオーブンへ。焼けるのを待つ間に、苦労して手に入れたバター（後で調べたら「ブール」と発音するのであった。二度と忘れないぞ！）をカット。

あと人参の千切りサラダを食べたかったのだが、パン切り包丁で千切りなどとてもできそうな気がしなかったので、備えつけの皮むき器でスライス（これは普通に切れたのでホッとする）。さらに黒大根を輪切り（これはパン切り包丁で切ってみた）にして、いずれも塩もみしてサラダに。

おお、立派な食卓ではないか。

で、食べました。うまかった。特にパンとバター。パンが美味しくてバターが美味しいということは、日本に置き換えればゴハンとノリがうまい、というようなものである。

うん。これでいいじゃないか！

これはフランス版粗食である。パンとスープとサラダ。日本ならご飯と味噌汁と漬物みたいなもんだ。つまりは私が東京で毎日作って食べているものと発想は同じである。手間も時間もかからずレシピ本もいらない。で、うまい。となれば今後の自炊に何の不安もなし！　ああ我が粗食ライフは世界に応用可能だったのでありました！

と、誰も見ていないリヨンのリビングで、一人エッヘンと胸を張ってみる。


というわけで、何はともあれ、リヨンでもいつもと似たような食生活が確保できることがわかったのです。

よし、これで守りは固まった！

散歩

と、気が大きくなったところで、午後は例の「変換器」を探しに電器店探訪へ。

友人がつないでくれた女性に借りれば済むことではあった。

でもせっかくニコラが店を教えてくれたのだ。異国での親切は間違いなく貴重品である。無駄にしてはバチが当たる気がした。なのでまずは自力解決の道を探ることにしたのである。日本でだって電器店なんて行ったことないので気後れ満載だが、これも何かの縁であろう。
それに、観光地巡りなどせずとも、こうやって必要に迫られて少しずつ行動半径を広げていけばいいのだ。そう。それがまさに生活というものではないか。

ニコラは地下鉄で行けばいいと書いていたが、ニコラが部屋に置いていってくれたツーリスト用の地図をチェックするとそれほど遠くないし、道も単純そうなので、街の輪郭を頭に入れるためにも歩くことにした……って張り切ってアパートを出たのはいいんだが、いやー老眼がキツイ！　小さな地図に書いてある通り名が全く見えないのである。眉間にしわを寄せ、何とかピントを合わせながら一つ一つ確認して進んでいくと、だんだん頭が痛くなってきた。本当に年をとるということは大変なことですね……。

で、こんなんで大丈夫かいなと思いつつ5分ほど歩いたところで、ふと地図から顔を上げて、私は本当にびっくりしてしまった。

突然景色がパーッと開けて、眼下にはリヨンの街が一望のもとに広がっていたのである。

なるほどクロワ・ルースの丘って、こういう意味だったのね！　確かにここは間違いなく「丘の上」だ。

思い出したのは、会社員時代に勤務していた香川県の大好きな人気スポット「金毘羅さん」の石段の上から見た景色であった。これがパリだったら間違いなく観光名所だと思うが、当地ではフツーの通り道である。しかしなんという贅沢な気持ちの良い光景だろう。昨日から苦労続きだった身には、なおさらこの解放感が身にしみた。

しかし景色ってすごいね。パーッと広がった景色を見たら、誰だって心の中もパーッと広がる。しかもタダである。万人に平等である。これから当地で楽しいことが何も起きなかったとしても、この景色を見にくれば「何はともあれリヨンに来てよかったのだ……」と自分に言い聞かせることができる。

なんだか百万の味方を得た気分である。

その先の、丘を下っていく狭い石畳の道も良い感じだった。階段だらけの、車が通らぬ静かな小道。その両脇に、小さなカフェ、食器屋さん、アクセサリー屋さん、布屋さん、ステンドグラス屋さん、革製品屋さんなどがポッポツと建っている。どこも、手作りのものを売っていますという風情で、特に洗練されているわけじゃないし、それほど売れている感じもないし、実際私も買いたいと思ったものはほとんどなかったけれど、一生懸命な感じのショーウインドーを見ていると、フランス人もみんな苦労してるんだなあ、頑張レヨーという気持ちになってくる。そう私も頑張っております。負けていられません。

改めて、歩いてよかったと思う。地下鉄に乗らなくてよかった。

思えば東京でも、会社を辞めて以来ほとんど電車に乗っていない。だってやってみればそれで十分コト足りるのである。いやむしろ、歩いて行ける（あるいは自転車で行ける）範囲で暮らせばいいのだと割り切ってしまうと、「ここではないどこか」の素敵なお店やらイベントやらの情報を求めてキョロキョロしなくて済む。すると、感じのいいカフェや豆腐屋や花屋やバーや風通しのいい公園が、案外すぐ近くにあることに気づくのだ。その中できゃっきゃと一人勝手に喜んで生きていけばいいのである。

ってなことを、リヨンでもやればいいのだなきっと。

何しろ歩くことなら、外へ出て一歩ずつ足を踏み出すだけなら、フランス語が話せなかろうが、妙に周囲から浮いていようが、私にもちゃんとできるしね。


それはさておき。

結局、変換器は売っておりませんでした。しかし自力で大きな電器店にたどり着き、不慣れな売り場をドキドキしながら探索し、最後は店員さんに品物があるかどうか必死に尋ね、「ノン」と取りつくしまもなく首を振られるところまでは何とかたどり着いた自分をとりあえず褒めておこうと思います。


というわけで、あたふたと1日がくれていく。

「生活する」というただそれだけのことが、異国にいるというだけでいちいちオオゴトだ。もちろん旅慣れた人から見れば、すべてがバカじゃないかと思うようなことでありましょう。しかしマゴマゴした中年のおばさんには一つ一つが大騒動だ。

でもダメなりにやるしかない。なんたって死ぬわけにはいかない。生活とは死活である。必死である。本気である。っていうかこれって考えてみたらものすごくリアルなエンターテインメントなんじゃ？「ごっこ」なんかじゃない。オーダーメードなスリルとサスペンス満載の体験である。ってことはこれはもしや、えらい贅沢なんじゃないのか……？

ということにして、疲れて寝る。

《今日の小ネタ》

◎古いアパートの部屋は3階で、エレベーターもないし、しかもやたらと天井が高いので、日々の階段の上り下りはまあまあの運動であることが判明。しかし！節電家の私は東京でもエレベーターを使わず5階の部屋まで上り下りしてるから全然平気！　オオやはり普段の生活と旅はつながっているではないかと自分を励ましたのでありました。

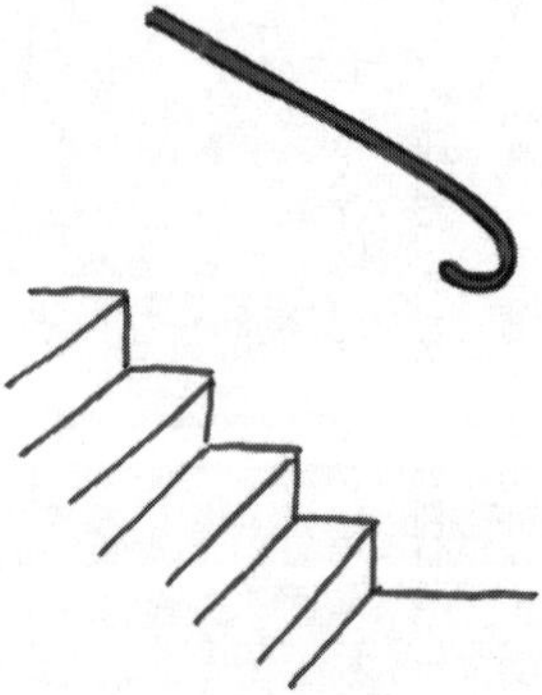

コラム――異国で自炊

知り合いゼロ、フランス語能力ゼロ、ついでに英語能力もほぼゼロという3ゼロ状態でも、まあ何とか楽しく暮らせるに違いないと思ったのは、何はともあれ「自炊はできる」という自信があったからです。

はるばるフランスまで来て連日自炊なんて……とお思いの方もおられるかもしれません。でもですよ、ガイドブックでは当然のように現地のグルメ情報が一大娯楽として紹介されていますが、慣れない国でよくわからないメニューと格闘して連日外食って、案外ストレスじゃないですかね？　現地の人と日本人では食習慣も好みも違う。特に、西洋人が食べるもののボリュームといったら！　1日2日のことならいいが、それ以上となれば胃腸も舌も悲鳴を上げ始めます。さらに一人旅の場合、賑わうレストランでポツンと食事することを考えるだけで胃が痛む。

一方、自炊できるとなれば本当に気がラク！

好きなものを好きなタイミングで好きな分量食べることができると思うだけでノーストレス。異国でのあれこれはうまくいかないこともたくさんあるわけですが、何はともあれ「自力でうまいものが食べられる」と思えば、まあ何とかなると思えてくるのではないでしょうか。

それに、市場で買い物もできます。市場は「現地の生活がわかる」「活気があって元気が出る」と、多くのガイドブックで定番人気スポットとして紹介されていますが、ホテル滞在の外食旅行では、せっかく市場へ行っても何も買えずにただ眺めるだけ。これではテレビの旅行番組を見ているのと変わりありません。

でもキッチンつきのアパートを借りて実際料理するとなれば、肉だろうが野菜だろうが何でも買える。となれば、マルシェの人とコミュニケーションのようなことも自然にできてしまう。っていうかやらざるをえない。これを面倒と考えればそれまでですが、旅の醍醐味は何といっても現地の人とのふれあいです。言葉ができないと現実には「ふれあいなんてムリ」とあきらめてしまいがちですが、日々の買い物だけでそれっぽいことが体験できるのだから、これはやはり面倒ではなくチャンスと考えるべきではないでしょうか。

そして、マルシェ安すぎです！　ジャガイモがプレートにこんもり盛られて1ユーロだったりする。これがまた美味しいのです。なので滞在費は本当に少なくて済む。特に料理が好きな人なら、食事作りそのものが立派な娯楽になりますから、あれこれお金のかかる場所に出かけていく必要性も感じないのでは？　私は2週間の滞在費は1万円ちょっとでした。

で、こんな旅は、ちょっと前まではやろうと思ってもあまりにハードルが高かったと思います。現地で台所のついたアパートを借りるなんて、よほど事情に通じた人しかできないことだった。しかしですね、今や民泊という「発明」のおかげで、インターネットを利用すればホテルに滞在するよりずっと安いお金で現地のアパートが簡単に借りられるのです。

というわけで、同様のチャレンジをしたい方のために、実際にやってみての感想と反省点を記したいと思います。というのも、私も人生初チャレンジだったのであれこれ準備をして出かけたのですが、これは正解だったと思うこともあれば、こうすればよかったなーと思うことも。もちろん人によってやり方は様々だと思いますが、何かの参考になれば幸いです。

まずは、正解だったことから。

何といっても、マルシェが毎日立つ地区に家を借りたことです。マルシェが立たなくたってスーパーに行けば十分自炊はできますが、やはり市場で買い物をすると売る側の誇りと元気がダイレクトに伝わってくる。これはスーパーでは決して味わえない雰囲気ですぞ！　そんな中、美しい野菜や魚や肉を見て「これが食べてみたい！」という気持ちを心から持つことができたなら、たとえ言葉は全く通じなくても、そして金額が聞き取れず支払いでいちいちアタフタしても、まあ何とかなるものです。

毎日マルシェが立つというのはちょっと恵まれすぎていますが、週に一度だけでも市場の立つ場所の近くに滞在するのは良い手だと思います。

それから、日本の調味料を持参したこともとてもよかった。

荷物を増やしたくなかったので、考えに考えて持ってきた調味料その他の厳選物品は以下の通りです。

●味噌　●梅酢醤油　●出汁昆布　●おから床　●玄米　●梅干し

1日2日の滞在なら何も持っていかなくても大丈夫だと思いますが、ある程度の期間滞在する場合は、いくら異国の食生活を楽しむといっても、普段と全然違うものを連日食べ続けるのは体にも舌にも負担が大きすぎる。さらに、普段作ったことのない料理を連日作らなきゃいけないとなるとあまりにも大変です。リヨンに行ったからといっていきなりフランス料理が作れるようになるわけじゃないからね。

なので、いつもの料理方法と味つけのパターンは崩さず、つまりは自分の「軸」はそのままに、異国の食材を取り入れてみる。そのほうが、見たことのない食材にも恐れず挑戦できます。

というわけで、まずは何はともあれ味噌！
だってこれさえあれば毎日味噌汁が食べられます。どんなに和食離れが叫ばれようと、海外旅行から帰ったら何はともあれ「ああ味噌汁飲みたい！」と思うのが日本人。ならば、海外にいる間から味噌汁を飲んでしまえばいいではないか。「パンに味噌汁」も美味しいよ。違和感があるのなら「ミソスープ」と名づければよろしい。あと味噌汁の良いところは、どんな食材でもたいがい具として使えるところ。見たことのない食材でもとりあえず味噌汁に入れてしまえば、ほとんど失敗なく美味しくいただけます。

それから、何といっても日本人は醬油！　これもあるとないとでは大違い。醬油さえあれば、野菜を炒めても、肉を焼いても、魚を焼いても、ジュッとかければ料理完成！　新鮮な魚が手に入れば刺身も食べられます。簡単。美味しい。しかも馴染みの味が完成。これを持っていかない手などあるでしょうか。

というわけで、もちろん普通の醤油を持っていけば十分なんですが、私、今回はちょっと考えて、醤油に梅酢を混ぜた「梅酢醤油」を持参しました。塩味と酸味がいい具合に融合しているので、ポン酢のように万能調味料として使えます。炒め物の味つけはもちろん、マルシェで買った美味しい「くるみオイル」とともにサラダ野菜に振りかけるのがお気に入りでした。ザクザク混ぜるだけで実に美味しいサラダに。そこに、これもマルシェで買ったクルミをザクザク切って載っければもう絶品でありました。フランスと日本のマリアージュ完成！　と、一人喜んでおりましたとさ。

出汁昆布は、味噌汁やスープの出汁用に、あらかじめ細く切ったものを袋に入れて持参しました。かさばらない、軽い、腐らない……ああ乾物って本当に素晴らしい！　パラリと入れて煮込めばそのまま具と一緒に食べられて、もちろん健康にもよろしい。

あとヒットだったのは「おから床」（おからと塩を混ぜたもの）。これは現地でも漬物を食べたいと思って持って行ったのです。もちろん糠床でもいいんですが、おから床なら漬け床もそのまま食べられるから帰りの荷物も減ってポイントが高いです。人参とか大根とか玉ねぎとかビーツとか残った野菜を切ってどんどこ漬け込めば、どんな「おフランス」の野菜もたちまち漬物に変身。いや異国で食べる漬物のウマさといったら、日本で食べる何倍も美味しく感じるのはなぜなんでしょうね。さらに、おから床をそのままスープに入れればおいしい「おから汁」に！　腸内環境も保たれるので、旅先でつい崩しがちな胃腸の具合も万全です。

あと調味料ではありませんが、普段の主食である玄米も持っていきました。こちらではパンが美味しいのでついパンばかり食べそうになりますが、やはり主食を全面変更するのは身も心も落ち着かない。なので毎食、スープに入れたりリゾットにしたり、何らかの献立に米を入れておりました。「御守り代わり」みたいなもんですな。

御守り代わりといえば、梅干しです。

梅干しを毎日食べているとお腹を壊さないそうで、日本にいる時はサボることもありますが、何かと不安なことが多い海外ではせっせと食べてしまいます。そのまま食べるほか、味つけも兼ねてスープに入れることも。あの強烈な酸っぱさは目が覚めます。気合いが入ります。元気がなくなったらとりあえず一個。


さてここからは、こうしておけばよかった……ということについて。


まずは、ああ〜、あれを持ってくればよかった！　という食材が二つ。

一つは「削りぶし」です。

実は私、日本でも料理にカツオ出汁をほとんど使わないのでハナから持参する気はなかったんですが、なぜか外国へ来ると、あの強烈なカツオ風味がどうしても恋しいのでした。私だけかもしれませんが……。

もう一つは油揚げ！　あ、これも私だけかもしれませんね。しかしもうフランスで何が食べたかったかって、断然油揚げでありました。あれこそはもう全く他のものでは代用できないスペシャルな食材であります。日本では当たり前に手に入りすぎて全然スペシャルに思われてないけどね。生で持参して現地で冷凍して少しずつ食べる手もあるが、そんなことしなくても「松山あげ」という乾燥油揚げがある。なんであれを持ってこなかったんだ！　と、ミソスープを飲むたびに恋しさは募るばかりでありました。

あと食材ではありませんが、ああ、あれさえあればなあ……とどうしても考えてしまった意外なものが一つ。

それは、おはし！

時々日本の味が恋しくなっていつもの和定食（メシ、汁、漬物）を作ったのですが、いくらお米を炊いて上に梅干しを載っけても、これをフォークで食べると、なぜだかどうにもこうにも「フランス風」の味わいとなってしまう。

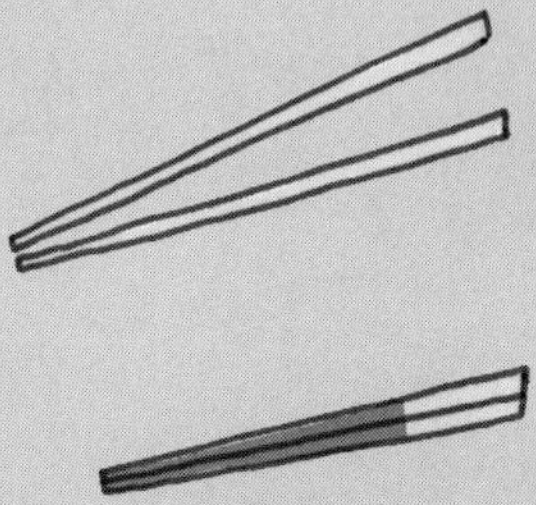

食べる道具ってホント、侮れません。やはり私は「おはしの国」の人間だったのです。

と、なんだかんだと書きましたが、実は一番大事なことは「持っていきすぎない」ことかもしれません。

調理道具も調味料も、あれもこれもと持参すればきりがない。例えば当地では包丁が全く切れず、備えつけのスライサーやチーズおろしを駆使して玉ねぎや人参を細かく切ったのですが、それはそれで楽しい。ヒーッ、とか、エーッとか叫びながら、なんだか「あるもので何とかする」のが、なんだかんだ言って旅の醍醐味というもの。

そう考えると、最低限何を持っていくか？　を考えることそのものに意味があるのかもしれません。人によって「これだけは」っていうものは皆違う。自分の食生活のコアを見つめ直すと自分の本質が見えてくる……などと、最後の梅干しの種を未練たらしくなめなめしながら考えたリヨンの夜。

3日目（日曜日）
早くも疎外感

早く寝すぎたせいで、目が覚めたらまだ午前3時だった。もちろん真っ暗。朝というにはまだ早すぎる。

でも何だか目が冴えて、ベッドから出て外を見ると冷たい雨が降っていた。目の前にある広場のバス停のベンチに、若い男性が体を縮めて腰かけている。ものすごく寒そうだ。泊まる場所がないのだろうか。2日前の自分を思い出し、とても他人事とは思えない。

とはいえ、来たばかりの異邦人が助けてあげられるはずもない。

いや、もしかするとその気になれば助けられるのだろうか？　お金を貸すとか？　でも、失恋か何かで一人でいたいだけなのかもしれない。ああでもやっぱり本当にお金がないのかもしれない……などと思っているうちに時が過ぎていく。

人を助けるって簡単なことじゃないなーと思う。

カフェ

で、他人のコトを心配している場合ではないのであった。

今日も生活である。修行である。目標はすでに決まっていた。カフェに行くこと。もう少し正確に言うと、カフェで仕事をすることである。

何度も繰り返すが、何しろここへは「東京でしていることと同じことをしよう」と思ってやってきたのだ。大雑把に言うと、朝起きて、ヨガをして、自炊して、カフェで仕事をする、というものである。そこから少しずつ自分の陣地を広げて街に馴染んでいこうという作戦である。

そのうち、朝起きて、ヨガをして、自炊して、というところまでは何とか目処が立った。っていうか、一応はやってみた。

あとは、カフェだ。

ええわかっております。たかがカフェへ行くことが「目標」とは大げさな。きっとそう思われることでしょう。何しろ世界中、どんな旅行者でも気軽に入れる場所の一つがカフェ。行って、座って、コーヒーでも飲んで、お金を払って、出てくる。簡単だ。レストランみたいに、予約しなくて大丈夫かしらと悩んだり、やたらと複雑なメニュー解読に四苦八苦したり、調子に乗ってワインをボトルで頼んじゃって支払いでビクついたりすることもない。

でも私が目指しているのは、ただカフェへ行くことではないのです。「カフェで仕事をすること」。そこには天と地の差があるのだ。少なくとも私にとっては。

もう少し説明しよう。

東京では、行きつけのカフェが近所に数軒ある。そこを日によってはしごしながら原稿を書いている。もちろん物理的には家でだって原稿は書けるのだけれど、それはやらないことにしている。

きっかけは、仕事とプライベートを分けたいと思ったからだ。何しろ会社を辞めると、仕事と仕事以外のことの区別がどんどんつきにくくなる。つきにくいどころか気がつけば24時間365日仕事ということになりかねない。これは全くの想定外であった。毎日が日曜日かと思ってたら逆だったのだよ！　で、そのような悲劇を避けるため家ではパソコンを開かないと決めた。パソコンを開く時はいずれもカフェに「出勤」し、午前3時間、午後3時間、何かを書こうとうんうん唸っている。

すると、驚くべきことが起きた。

原稿がものすごくサクサク書ける……のではない。残念だけど。

でも毎日毎日同じカフェに通うことで、そうたったそれだけで、人間関係が飛躍的に広がったのだ。

店の人と仲良くなるところまでは想定内だった。が、それだけではない。常連客ともどんどん仲良くなった。犬連れ、子連れ、家族連れの人もいるので、ペットも含めた家族ぐるみの付き合いになってくる。気づけば他人のお子様に「ネエネエ」と慕われ、多種多様の犬にはじゃれつかれ吠えつかれ、果ては、常連客同士で一緒に旅行に行ったり習字をしたり花見をしたりしているのである。誰も知らない街にポツリと一人引っ越してきたのが、いつの間にか「準家族」みたいな人がたくさんできてしまった。

これはもう「寅さん」の世界ではないか。

つまりは、カフェとは私にとって「準我が家」ともいうべき重要拠点なのである。我がリビングと言ってもいい。仕事ができて、準家族がいる。私と外の世界とをつなぐ重要な窓なのである。

で、私はこう思ったのだ。もしや異国でも「行きつけのカフェ」さえ作れば、街とつながることができるんじゃないか？　店の人や、うまくいけば常連客と仲良くすることだってできるんじゃないだろうか？　となれば異国にも「準我が家」ができるってことに？……などというこれまた壮大な野望（妄想）を胸に、本日の戦闘開始である。

とはいえどこへ行っていいかわからなかったので、まずは、アパートの隣の隣にあるブラッスリーに入ってみることに。

朝8時半。すでにまあまあの賑わいである。どこに座ろうかと迷っていると、すぐ後ろからコーヒーを運んできたウエイターと衝突しそうになり、いきなりムッとされた。一瞬ビビるも、気を取り直して席に着き、カフェ・クレム（カフェオレのこと。ネット調べ）と注文するとウンと頷いて去って行ったので少しホッとする。で、無事カフェ・クレムが来て、緊張しながら1時間ほど本を読みつつ滞在。

でも結局のところ、何も起きなかった。

いやもちろん、初日からそんなに大きなことを期待してたわけじゃない。でもせめてウエイターに顔を覚えてもらい、あわよくば好印象を残したかった。でもカフェ・クレムを運んできてくれた時も、お金を払った時も、お釣りをもらった時も、当方の精一杯の笑顔とメルシーという言葉にもかかわらず、彼の笑顔をチラリと

もゲットすることはできなかった。彼はどことなくイライラしていて、それを見ていると、私がイライラさせたのかもとさらに気持ちが落ち込んだ。パソコンを開いたり本を読んだりして長居している客に追加注文を要求していたのも気になった。フランスのカフェはコーヒー一杯で何時間いてもいいと聞いていたのだが、必ずしもそうとは言えないのかもしれぬ。もしそうならここで仕事をするのは難しそうである。

　こうなると、店の雰囲気もどことなく殺伐としたムードに思えてくる。何度か通えば違うものが見えてくるのだろうか。それともここはそもそもこういう店なのだろうか。判然としないまま席を立つ。

　朝のやる気はすっかりしぼんでいた。

やはり異国で「行きつけの店」を作るなんて所詮はただの妄想だったんだろうか？

明日もここに来る気力が私にあるだろうか？


　気をとりなおしてマルシェへ。日曜日とあって、今日も昨日同様、たくさんの店と人で賑わっている。

　巨大なサラダ菜が2束載った皿と、昨日から気になっていたコロコロした極小のジャガイモの皿（これも超たくさん）を指差しで購入。いずれも1・5ユーロ。本当に安いなあ。そして、あらかじめ皿に載っているものを買えば余分な会話をしなくて済むし、値段もわかりやすいのでこりゃ楽ちんだということがわかってくる。

さらに、昨日から気になっていたりんご屋とチーズ屋にも行った。そう。フランスのマルシェには「りんご屋」っていうのがあるんです。果物屋さんじゃなくて、りんごしか売っていない店。いろんな種類のりんごがズラーッと並んでいて、よく見たら「Fuji」なんてのもあった。そう我が日本のふじりんごです！　嬉しくなって、ふじも含めて種類の違うのを3個、チーズはウインドーを見て形や色の違うものを適当に3種類、いずれも指差して無事に売っていただく。

というわけで、それなりに頑張った。

でも。

なぜか今日は誰からもニコリともしてもらえなかった。お金のやり取りは昨日よりずっとスムーズだったけれど、ただそれだけのことだった。

つまりはこの日、朝からカフェに行き、何軒ものお店で買い物を済ませ、しかしただの一度も、誰からも笑いかけてもらっていない。


アパートに戻り、チーズ屋で買ってきたばかりのヤギのチーズ入りサラダを食べる。ほとんど花束レベルの巨大サラダ菜を二つも消費しなければならないので、アパートに置いてあったオリーブオイルと日本から持参した梅酢醤油をふりかけて、ウサギのようにムシャムシャ食べる。美味しい。ありがたいことだ。

うん、これで十分ではないか。そう自分に言い聞かせる。

いやしかし。自分の心に嘘はつけないのであった。


懸命に抑えつけていた思いが、早くもぽかりと浮かび上がってくる。

私は一体こんな遠い国まで、何をしに来たのだろう？

いやわかっております。「生活」だ。でもそこに何の意味があるのか。

朝起きて、ヨガやって、買い物して、料理して、散歩して。つまりはいつもやっていることを、すごいコストと時間をかけてやっているだけじゃないのか？　で、いちいち言い訳がましく「これでいいんだ」とか「これぞエンターテインメント」とか騒いでるだけじゃないか。

ここには私の居場所はどこにもなかった。いや、ないってわけじゃない。立派なアパートがある。ここにいれば安全だ。暖かい。美味しいご飯も食べられる。でもそれだけじゃ「居場所」とは言えないんだと気がついた。

ここでは、私は誰からも必要とされていなかった。それどころか、ただただ浮いた存在でしかない。いてもいなくても同じ存在、いやむしろいないほうがいいのではないだろうか。平和で美しい丘の街の中に紛れ込んだシミ？

空は暗くて、まだ雨が降り続いている。

午後3時過ぎ、例の変換器を、友人につないでもらったリヨン在住の日本人女性にお借りするため外出。待ち合わせのオペラ座へ着いた時には約束の4時までには時間があったので、近くのデパートや大型スーパーで時間を潰そうと思ったらまさかのオール休みである。見事にどこも開いていない。そうか当地では日曜日はみんな休むのね……。なるほどこれが安息日なのだ。ただのお休みではない。働いてはいけない、神様のための日。日本じゃ絶対に考えられないことである。当地では「稼ぎどき」などという、現世の世知辛きことを当たり前に超える揺るぎなき規範というものが存在するのだ。なんだか厳粛な気持ちになる。

にしても、これではすることがない。

仕方がないので、雨の降るシーンとした街を無目的にうろうろ歩き回っていたら、閉店中の大きなデパートの前に座っていた物乞いのおじいさんに声をかけられた。ボンジュールマダムと。そしてニッコリと笑顔を向けられた。

その笑顔に、強く心を動かされた自分に驚く。なぜだろうと考えて、ハッとした。

私はリヨンに来て初めて、誰かから声をかけてもらったのだ。それも笑顔で！

ふと、私はおじいさんにお金をあげるべきなんじゃないかという考えが浮かぶ。だって私はここでは誰からも必要とされず、つまりは誰かに助けられることはあっても誰かを助けることは全くできないでいる。ああそうなんだ。だから私はここに居場所がないのである。でも、あのおじいさんは私を必要としているではないか。ここリヨンで私に助けることのできる人がいるとしたら、まさにあのおじいさんしかいないんじゃないだろうか？

でも冷たい雨の中をトボトボ歩きながらそんなことを考えていたので、そういう結論に達した時はもうおじいさんから遠く離れていて、しかも待ち合わせの時間が迫っていたので小走りにオペラ座前に向かう。無事に女性と落ち合い、可愛らしいマイメロディ柄の袋（わざわざ入れてくれたのだ）に入った小さな変換器を受け取った。若くて目がキラキラした女性だった。時間がなくてお礼しか言えなくて、彼女が何をしている人なのかはわからなかったけれど、親切な人だということだけはわかった。だって「友達の友達」というだけで、見も知らぬ私のために、わざわざ雨の中こんなところまで助けに来てくれたのだ。そんな彼女が本当に輝いて見えた。

ああ私にも誰かを助けることができたなら！

坂をグイグイ登って部屋に帰る。まだまだ残っている大量のサラダ野菜を茹でてオイルと醤油をかけて食べる。野菜が元気なせいか、茹でても食感がシャキシャキしてとても美味しい。ちょっと元気が出てくる。まあやはり自炊できるということはいいものですね。

まだ残っていたニコラからのプレゼントワインを飲みながら、物乞いのおじいさんのことを思い出して、友達の友達に深く感謝して、私にもできることをぼんやり考えた。

《今日の小ネタ》

◎玉ねぎを1皿分買ってしまったのでこれも何とか消費せねばならず、そうだフランスなんだからオニオングラタンスープ(っぽいもの)でも作ってみるかと、例の切れない包丁の代わりにスライサーで玉ねぎを薄く切るという人生初の野心的挑戦! しかしこれが滑る。まな板の上に置いたら何とか切れないことはないのだが、相手は丸いし、やっぱり滑るし、何よりだんだん小さくなってカット不能に。仕方がないので最後は例のパン切り包丁でギコギコ切る……意外にも、目にしみる度合いは思ったより少なかった。何でもやってみるものだ。しかし……日本の包丁でやればずーっと簡単で早いのに～!

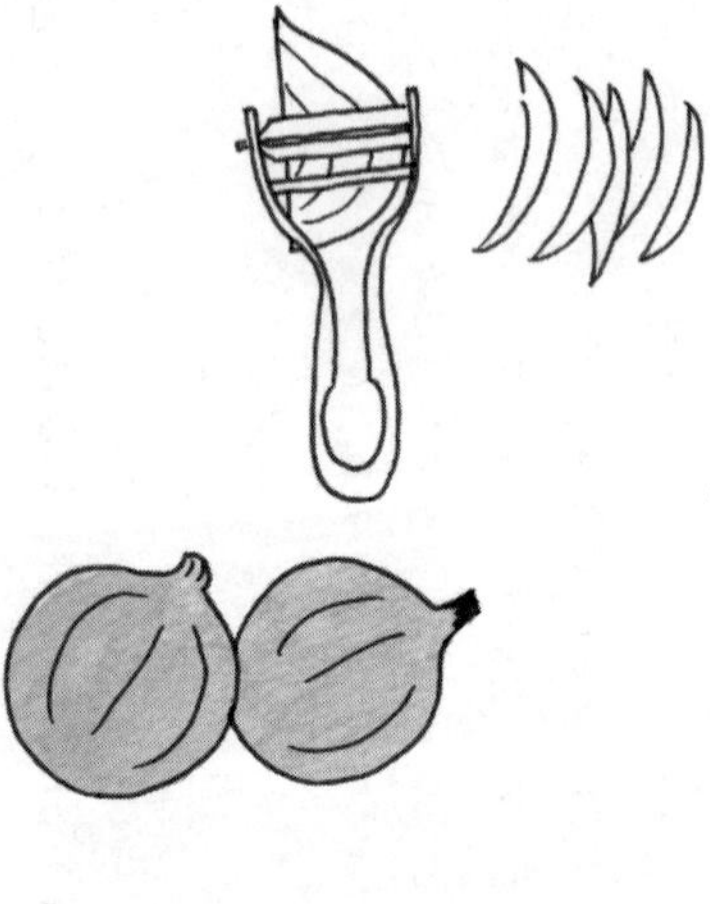

4日目（月曜日）
小さな出来事

海外旅行ってものが華やかな割に案外キツイのは、もちろん食べ物が合わないとか色々あるわけだが、本質的には「自分」ってものがどこかへ追いやられてしまうからじゃないかと思うのです。

日本でどんな仕事をしていようが、どんな友達がいようが、性格がいいとか悪いとかどんなふうに思われていようが、言葉が通じない世界へ入ってしまえば一律に赤ん坊以下（透明人間、あるいは足手まとい）の存在。唯一旅行者が愛されるのは、効率の良い金ヅルとして。なので、誰もが行く観光地で、先導者に従ってぞろぞろ歩き、土産物屋に立ち寄って土産を買う。なんだかんだ言ってもそれが一番平和なのだ。それが現地の人と観光客の利害が一致した、最も幸せな両者の関係だから。

でも、そこには「自分」なんてものはない。自分がどんな人間で、何ができて、何が好きで、どんな性格で……なんてことは誰にも興味を持ってもらえない。気前よく財布を開く時だけニッコリされるくらいだ。

私はそれがずっと嫌だった。我ながら自意識過剰だと思うよホント。いいじゃない金ヅルで！　だって所詮まさに「ザ・観光客」なんだから……と割り切ることがどうしてもできなかった。そうして長いあいだ悶々とした思いを抱き続け、挙句、ふとした思いつきで無謀にも何の準備もせず身一つでこんな遠くまでやってきてしまった。自分がどんな人間で、何ができて、何が好きで、どんな性格で……ってものをまずは強引に持ち込んでしまえと。どこにいても勝手に普段の自分を通せばいいじゃないかと。その結果ステキな旅行ができるかどうかは不明だが、少なくともどこの誰ともわからぬ「おばさんA」になることだけは避けられる。

で、それはまあまあ正解だったと思う。

食材を買う。料理をする。散歩をする。いつものように。確かにそれはすべて自分の日常だった。それをすることで気持ちが落ち着いたし、メシはうまいし、何より自分ってものが確かにそこにあった。

でも、それだけでは何かが足りないのだった。

私の生活は、それだけで自己完結していた。いや、だから生活は素晴らしいんだけどね。だって自分の力で自分を満足させることができたなら、何を恐れることがあるだろう？　何もない生活に究極の救いを見出した『方丈記』にもそう書いてある。小さな家。少ない欲。単純な暮らし。それで満足できたら心はどこまでも平安である。で、何かが足りないとか何かに認められたいとか思い煩う必要なんてないのだから。で、それは会社を辞めて以降の私の暮らしでもあった。爽快だった。ヤッターと思った。これでいいじゃないか、簡単じゃないかと思った。で、これならどこでだってできるよと、こうしてリヨンくんだりまでやってきたのだ。

でも日本からはるか1万5000キロ離れて、言葉の通じぬおしゃれなフランス人軍団に囲まれて浮いた日々を過ごし、ハタと気がついたのである。

それだけじゃあダメなんだ。自己完結型の平和だけでは私は生きていけなかった。鴨長明の域には達していなかったのだ。いや生きてはいけるんですよ。それなりに楽しくないわけじゃない。でも自分で自分を騙すことはできない。リヨン到着わずかに

4日目にして、心がどうにも落ち込んでいくことを認めざるをえなかった。

私は、誰かから必要とされたかったのだ。

いや「必要とされる」なんていう大それたことじゃなくていい。ほんの少しでもいいから、一瞬でもいいから、あ、あの人がいる！　とか、あの人が来てくれた！　とか、思ってくれる誰かが欲しかった。

で、これまでのところそれは、繁華街のデパートの脇で物乞いをしていたおじいさん一人だったのである。

ああ、一体何をしたら「あの人が来てくれた！」と思ってもらえるんだろうね？

日本ではどうやってたっけ？　新しい暮らしの中で少しずつ仲良くなった近所の酒屋のおじいさん。豆腐屋のおっちゃん。カフェの店主……。改めて皆さまとの「馴れ初め」を思い出してみる。

そう、まずは感じよく挨拶をしたり世間話をしたり……やっぱり言葉だ。そうなんだ。話すことさえできたなら私だってなかなかチャーミングなお人柄なのだよ！　それを封じられているのは決定的である。それに、日本では「近所の住人」というアドバンテージもあった。末長く付き合う相手と、通りすがりの観光客とでは扱いが違って当然だ。

つまり、今の私には何の武器もない。

考えれば考えるほど、「異国の人に溶け込む」などという当初の野望がいかにアホな夢想であったことかと我ながら呆れる。溶け込むどころか、私なんて当地の人たちにとってはただの足手まとい、つまりは「いないほうがいい存在」でしかないんだよね……。


などと考えながら迎えたネガティブな4日目の朝であった。

今日月曜日はマルシェは休みだと気づき、ふと、この快適な暖かいアパートに1日引きこもっていたい誘惑にかられる。だってここにいれば少なくとも誰かに迷惑をかけずに済むのだから……いやいやいやそんな弱気でどうするよ！　まだ4日目だよ！　やらない後悔よりやった後悔！

というわけで自分に鞭打ち、無理やり重い腰を上げ、とぼとぼ二度目の「カフェ修行」に出かけたのでありました。

まずは勇気を出して、昨日のブラッスリーに再チャレンジする……つもりが、ガラス越しに店内がえらく混んでいるのを見てアッサリひるむ。マゴマゴアフロが忙しい店員さんをイラつかせる光景を想像して怖くなったのだ。

いやもうすっかり弱気である。

ブラッスリーの前を素通りし、別のカフェで再チャレンジすべく、マルシェのない静まり返った朝の大通りをうろつく。まあいくら静かでも「大通り」なんだからきっと感じのいいカフェの1軒くらいあるに違いないと期待する気持ちと、別のカフェでも冷たくされたらショック倍増だからいっそアパートに戻りたいという逃げの気持ちがフクザツに交錯するうちに、案外すぐカフェを発見してしまう。

救いは、テラス席で愛想の良いギャルソンがテキパキと飛び回っていたことだった。ここなら何とかなるかも！　ギャルソンの笑顔に吸い込まれるように近づいていく私。

……ああ本当に笑顔に飢えているんだなあ。

店に入ると、広いフロアは朝からほぼ満員だ。わずかに空いていたスツール席に腰掛けると、さっきのギャルソンがニコニコしながら注文を取りに来てくれた。嬉しい。アンキャフェと注文すると、すぐに小さなデミタスコーヒーを持ってきてくれて再びニッコリされる。ああ本当にいい人だよ……。

ようやくホッと落ち着いて、店内を観察する。なんだか不思議な店だった。

一人客が多い。年齢も性別も様々である。立ったままコーヒーをクッと飲んでさっと帰っていく人もいれば、新聞を読んでゆっくりしている人もいる。カウンターで店の人と陽気におしゃべりしている人もいる。つまりみんなやっていることはバラバラなのに、誰もがリラックスしている。満員の客でわさわさガヤガヤしているのにうるさくない。昨日のブラッスリーとは

違い、空気がしっとりと温かい。

その理由はすぐにわかった。

原因は、さっきの愛想のいいギャルソンである。

彼は「いい人」なんてもんじゃなかった。大活躍であった。私だけじゃない、彼はどんなお客さんにも同じ笑顔で挨拶をして、常連さんにはハグしてあれこれ近況を尋ねている。なのでこのお店にはひっきりなしに老若男女様々な常連さんがやってくるのであった。特に目についたのは、杖をついたお年寄りである。おじいさん、おばあさんが次から次へと一人でトコトコやってきてはギャルソンにニッコリと歓迎を受け、満足そうにのんびりと席に着く。そして顔見知りを見つけて笑顔を交わし、やあやあと声を掛け合っている。

ふと、母に先立たれて一人暮らしとなり、しきりに寂しさを訴えるようになった我が父のことを思い出した。

父の近所にもこんな場所があったらどんなにいいだろう。何の目的もなくても、毎朝200円のコーヒーを飲みに行くだけで大歓迎される場所があったなら、人生の孤独は全く違った様相を帯びてくるに違いない。ああここにやってくるお年寄りは本当に幸せです。あの親切なギャルソンは一人の力で、多くの人に「居場所」を作っているのだ。大袈裟じゃなくて、本当にたくさんの人の人生を支えているのだ。

私は心底感心してしまった。

で、フト、これってどこかで見た光景だなあと。

そうだよ。これって私が毎朝お世話になっている我が近所のカフェと同じじゃないの！

店主のタムちゃんは、初めて来るお客さんにも、常連さんとの会話に自然に入っていけるように気を配っていて、だからそこには若い人も、お年寄りも、外国人も、赤ちゃんも、犬も、本当にいろんな人がやってきて、みんなすぐ仲良くなってしまう。で、私もその中の一人なのだ。そうだった。東京で私が何とか孤独を感じないで暮らしていられるのは、私が努力したとか、感じよく振る舞ったとか、チャーミングなお人柄であるとか、そういうこと以前の問題なのだ。そもそもタムちゃんのようなスゴイ人が店にいてくれるおかげ以外の何物でもないのである。

そして、世の中には洋の東西を問わず、同じようにスゴイ人がいたのであった。その人たちのおかげで、やはり洋の東西を問わず、多くの人が助けられながら暮らしている。

そう思った途端、さっきまで抱えていたモヤモヤがスウと薄らいできたのであった。そもそもリヨン、めちゃくちゃアウェイだと思ってたけど、案外うちの近所と同じじゃないのか？　いや同じとは言えないが、似ている。似ているっていうか、もちろん顔も服装も習慣も全然違う人たちが暮らしているんだが、結局はみんな寂しくて、でも親切な人もいて、なんだかんだと懸命に肩を寄せあって暮らしていることにおいてはだいたい同じではないか。

だとすれば、何よりも肝心なことは、このギャルソンのようなスゴイ人が、当地で生き生きと少しでも元気に働き続けてくれることである。私ごときが誰かに認めてほしいとか何とか、そんなことはまさにどうでもいいことだ。五の次、十の次、百の次である。

ならば私のすべきことは一つしかない。

浮いた怪しいガイジンとして、それなりに「良い客」であろうと努力するしかない。場の温かい空気を乱すことなく、礼儀正しく、控えめに、そして静かに愛想よくすること。それ以外に何もできないし、それでいいじゃないかと思ったら、とても気が楽になったのでありました。

………

ということで、ちょっと元気になって帰宅し、変換器が手に入ったので2日ぶりにパソコンを電源につなぐと、こんな時に限って予想外にどっさりメールが来ていたのでありました。
原稿チェック、様々な仕事の細かい依頼ごとなど、「お願い」がずらずら並んでおりましたとさ……ああホント、仕事はどこまでも追いかけてくる。いや、別にいいんですけどね。確かに日本からどれほど離れていようがちゃんと通信できるからこそ、こうして「異国暮らし」などというものにチャレンジできているのである。でもさ、私は今それどころじゃないんだよ。人生をかけた壮大な実験中なんだよ。皆なんて勝手なんだ！　どーして私は自分の時間とお金を使ってはるばるやってきたリヨンで、皆さまのご都合に合わせてこんなことしなきゃならんのか!!　……と、ついイライラと腹を立て、そしてハタと気がついた。

私、ついさっきまで、私は誰からも必要とされていない、孤独だとか何とかウジウジ言ってましたよね？

で、今まさに「必要とされている」じゃありませんか。

原稿のやり取りも、様々な依頼も、私が必要とされているからやってくるのだ。相手がリヨンの人でないからといって不平を言う筋合いなどどこにありましょう。今こそ「なんとありがたいこと」と思うべき場面である。

というわけで、私はこの日、日本じゃありえないレベルで不平不満を忘れて仕事に取り組んだのであります。で、やってみたらなかなかに気分爽快であった。いや全く人様のお役に立てるとはなんとスバラシイことでありましょう。全く普段からこれだけ集中して頑張ればもっといい仕事ができるだろうにと思える集中ぶりであった。

もちろん私が一人アパートでこんなことをしているとはリヨン中の誰も知らない。っていうかそもそもここでは誰一人として私に関心を払っていない。だから、別にこれで明日からの生活が好転するわけじゃない。

でもまあ、それでいいのだ。今の私にできることは精一杯やった。所詮人間にはそれしかできない。明日は明日の風が吹くだけである。

……と、自分に言い聞かせて寝る。

《今日の小ネタ》
◎マルシェが休みで行くところがなかったので、午後は散歩ついでに、坂道の小さな店へ絵葉書を買いに行く。ウインドーに飾られていたハガキにクロワ・ルースの風景が描かれているのを見て、ああきっとこの街を大好きな画家が描いたんだろうなと興味を持ったのだ。店に入ると奥に女性がいて、なんと今まさに、ハガキに描かれていたような絵を身長よりも大きなカンバスに描いている最中だった。彼女がその画家で、この店は彼女のアトリエを兼ねていたのである。画家が絵を描いている場面に遭遇するなど人生初だったので得した気分ではあったが、ワオ、ビューティフル、ビッグピクチャー（見たまんま）と思いつく限りの単語を並べたものの英語の語彙がそれ以上ひねり出せずあっという間に会話終了。彼女はサンキューと言って絵の具だらけの手袋を取り、ハガキを4枚、袋の中に入れてくれた。

◎今日も、もしゃもしゃと例のサラダ野菜を消費。味噌汁にも入れた。それでもまだなくならない。だんだん自分がウサギになったような気がしてきた。やはり買いすぎはよろしくない。

5日目（火曜日）山が動いた!?

昨日、明日は明日の風が吹く、と書いた。
そうしたら本当に小さな風が吹いたのである。
もしや昨晩、仕事を一生懸命やって「功徳を積んだ」のが良かったのだろうか？
誰も見ていなくてもやはり神様は見ていたのか？

まずは波乱のスタートであった。
だって今朝も迷わず例のカフェへ行き、張り切って例の愛想のいいギャルソンにモーニングセット（プティ・デジュネ）を注文したのはいいが、即座に容赦ないフランス語でわーっとまくし立てられるんだもん。当然、焦る。だが人間、やればできるのであります。必死に聞いていると、フランス語の海の中に「クロワッサン」という言葉が聞こえたような気がしたのでパンの種類を聞かれているのではと思い、じゃあクロワッサンと言うとウンと頷いてくれたのでホッとするも、さらにフランス語攻撃は続く。今度は「オランジュ」と聞こえたので、そうかジュースの種類かと、オランジュ（オレンジジュースと思われる）と言うとギャルソンはようやくにっこりして去って行きましたとさ。

……はあはあ。

いやね、パリと違ってメニューとかないわけですよ。地方の住宅街の地元のカフェだから。全部口頭でのやりとり。本当に大変なところへ来てしまいました。でも何とか頑張りました私！

で、ここからが本題です。

昨日決意した通り、店の雰囲気を壊さぬよう、ギャルソンが持ってきてくれたボリュームいっぱいの「プティ・デジュネ」を、背筋を伸ばし、静かに、礼儀正しくいただく私。

周囲を見渡すと、カフェは今日も、朝から老若男女でいっぱいだ。私の隣の席では、おばあさん二人組が楽しそうにおしゃべりをしておられます。

まあ私も近くおばあさんになるので、こういう方々を見ているのはなかなかに幸せなのです。だって、おばあさんになってもこうして朝から楽しくおしゃべりできる友達がいるってなかなかどうして大変なこと。やるじゃないのおばあさんがた！　で、その幸福な光景に、精一杯上品なアルカイックな微笑みを浮かべつつその上品なフランス語をBGMのように聞きつつ本を読んでおりましたら、一人が先に帰り、もう一人も帰ろうと席を立とうとしたところで、なんとなく目が合った。

もちろん、礼儀正しく感じよく、ニッコリさせていただきましたとも！

そうしたら、おばあさんも天使のような笑顔を返してくれて、それから何やらフランス語で、

ペラペーラ

と熱心に話しかけてくるではありませんか。

しかし当然全く理解できず、困った顔をしていたら、それでも諦めないおばあさん、今度は英語っぽい言葉も交えて一生懸命話しかけてくる（こういう時フランス人は絶対に諦めない）。なので必死に耳を傾けていたら、

サイレンス

という言葉だけが聞き取れた。

つまりは「うるさくおしゃべりしてごめんなさいね」とおっしゃりたかったのではと推察し、いやーなんもなんも！　とブンブンと顔と手を振ったらば、おばあさん、ニッコリして帰って行かれまして、さらにドアのところで振り返って手まで振ってくださったのです。

……まあたったこれだけのことです。これだけのことなんですが、私が心の中でガッツポーズを取ったことは言うまでもありません！

だって、私はようやく受け入れてもらったんです。初めて会った外国の人に！　最

初はたまたま隣に座った赤の他人だったのに、同じ空間にいる「仲間」として認めてもらったんです。

昨日決意したこと。礼儀正しく。感じよく。怪しい外国人なりによい客として。その行動はちゃんと伝わったんです、たぶん！

いやまあちょっと大げさでしょうか……。でもいいんです。自分良ければすべて良し。これでいいんだと思いました。まだまだ修行中ではありますが、私はこの時、異国でも東京の我がご近所のように暮らすってことは、たぶん可能だと確信したのです。

自分の居場所を作っていくのに必要なことは、きっと語学力でもないし、お金でもないし、いやどっちもあるに越したことはないですが、そこに本質はないんじゃないでしょうか。

つまりこれって……我が愛する銭湯と一緒です。

財産も、名声も、地位も関係ない。ただその人の「ふるまい」と「佇まい」だけがその人の価値を決めるのが銭湯だと思ってきましたが、まさかリヨンが銭湯だったとは！（笑）

………

というわけで、今晩は嬉しいので一人祝杯をあげるの図。

肴はこっちに来てハマったサラダとチーズ！

サラダの野菜は、マルシェで、いかにも農家という一家が売っていた、フランス版春の七草のようなプレート！　りんごをかじっていた「アルプスの少女ハイジ」みたいな娘さんが、音楽でも歌うように「これ？　これが食べたいのね？　いいわよ〜。ハイ！　こーして、ちゃんと包んで……」と袋詰めにしてくれた姿が美しかったなあ。なんとタンポポが入っています！

チーズは何かよくわからない白カビに惹かれて購入。ヤギだと思われます。くさくてうまい。カビ最高！

あとは目黒から持参したおから床に、懸案の買いすぎたレタスを漬けた「おから漬け」。目黒とリヨンの史上初の融合だと思われます！

ワインはもちろん、コート・デュ・ローヌ！（注　リヨンはローヌ県にあります）

音楽はアイフォンから流れてくるショパンのピアノ！

私の好きなものがすべてここにあるじゃないかと。

……と浮かれながらも、きっとまた明日には落ち込むことが起きるんだろうなーと、ちらりと考える。

でもいいの。悲しいことがあるから嬉しいことがある。一歩一歩。

《今日の小ネタ》
◎例の変換器問題。やはりこの件は泣き寝入りしてはいけないと、昨晩、熱心に仕事をしたついでに、日本のメーカーにメールで「フランスでは使えない旨をきちんと明記してほしい」と伝えたら本日、メールが返ってきた。ナニナニ？「そのタイプの電源でしたら、差し込み棒をクルクル回すと長さが伸びますので、それでコンセントに入ります」——ナナナなんですと!? で、指示通りやってみたら……ホントに伸びた！ で、ちゃんと充電できた！ 今さらの朗報！ あの、生きた心地もしなかった2日間は何だったんだ？ しかも、いろんな人に本来なら必要のなかった迷惑をかけてしまったではないか。申し訳ないことこの上なし。だがしかし、そんな裏ワザ一体どこに書いてあったんだよー（実際ネットの商品説明書を再読したけどそんな記述なかったよ！）と釈然とせず、しかしあまりのバカバカしい顚末に笑えてくるのであった。全く一人勝手に珍道中である。

◎〈悲報〉フランス語の値段が聞き取れないせいで小銭がたまりまくり、ついに財布の小銭入れが破れる……。

6日目（水曜日）
マルシェ買い物必勝法

「リヨンは銭湯だった」という悟り（？）が私にもたらしたものは実に大きく、この時から明らかに、何かが変わり始めたのでした。

だって、新参者が皆さまに受け入れてもらうには一体どうしたらいいんだとウジウジ悩んでいたわけですが、よく考えてみたらそれって私、ちゃんとやったことがあるのです。そう我が近所の銭湯で！

まさかこんなところで我が銭湯ライフが役に立つことになろうとは。

……もう少し説明しよう。

50歳で会社を辞めてから、暮らしを小さくするため「風呂は銭湯」と決めたんですが、この銭湯デビューがなかなかに手強かった。幸い家から徒歩3分のところに銭湯があったんだが、住宅街の銭湯って近所の常連さんばかりで、このおばあさんたちが一筋縄じゃあいかなかったのであります。

いや、意地悪をされるとかじゃないんですよ。でも常連さん同士、実に仲良く和気あいあいと楽しそうにしているところへ、新参者が一人入っていくと微妙な緊張感が……。で、しばらくすると新参者などいないかのように和気あいあいとした会話が再開されます。これは、新参者としてはなかなかに緊張します。リラックスタイムどころじゃありません。毎日これではキツイものがある。

ああ彼女たちに受け入れてもらうにはどうしたらいいのか？

で、試行錯誤しながらたどり着いた結論は、肝心なことは言葉じゃないのだと。なにせ銭湯ってみんなハダカですから、いくらお金持ちだろうが地位があろうが特技があろうが、態度が悪ければ誰にも受け入れてもらえません。つまりは私はこんな人間なんだといくら言葉で主張してもダメ。そんなこと誰も聞いちゃいない。とにかく「感じよく」「きちんと」ふるまえるかどうか。それだけが、和気あいあいの仲間に入れてもらえるかどうかを決するのです。
で、「感じよく」ってどういうことかというと、相手に敬意を表して行動すること。つまりは周囲をよく観察し、場のルールを守り、控えめに徹し、しかし笑顔できちんと挨拶。それを辛抱強く繰り返す。そうしたら少しずつ、常連のおばあさまたちから笑いかけられたり話しかけられたりしてもらえるようになったのでした。
そう、彼女たちは、ちゃんと見ていたのです。

で、例の「カフェ事件」で、その銭湯方式は世界に通用するかもしれないらしいことが判明！　っていうか「言葉じゃない」ってところは、言葉の話せぬ異国では実にうってつけじゃあないですか。

と思ったら、俄然なんでもできそうな気がしてきた。

で、まずは何はともあれ、マルシェでの自分の行動を再点検してみることにしました。

というのも、どうもね、マルシェでの私、ウケがよろしくない。

連日のマルシェ通いで市場の流儀が少しずつわかってきて、最初にボンジュールはしっかり言って、あとは必死の指差しで買いたいものをわかってもらい、最後はメルシー、オールヴォアー（さようなら）で去っていく、ということは何とかできるようになって、確かにこれで買えないことはないんです。

だがしかし。なんかなあ。反応が芳しくないんだよね。

ちゃんと売ってはくれるけど、商品とお金だけやり取りして、ニコリともされず「メルシー」みたいな。

うーん。他のお客さんにはそんなこと全然ないのよ。もうニッコニコ。なのに、なぜ私だけ？　こういうことが続くとなかなかに落ち込んでくる。しかし何人もの人に同じ対応をされるということは、これは私の側に何か原因があるに違いないのです。

ということで、例の「銭湯おばあさん攻略法」を応用して改善策を考えてみた。

つまりは、相手（お店の人）をよく観察して、相手が喜ぶように、その場の空気をよくするように、どんな小さいことでもまずは辛抱強く、できることを一生懸命すればいいのではないかと。

で、以下はそうして編み出した、イナガキ式マルシェ必勝法です！

その1　姑息な買い方をしない

元来のケチな性分が災いし、普段から、どうしても安いものを見ると嬉しくて飛びついてしまう癖があります。その結果、当地のマルシェでもいろんな八百屋をはしごして、渡り鳥のごとくそれぞれのお店の「目玉商品」（大阪人ならだれでも知ってる激安店「スーパー玉出」の1円商品みたいなの）を買い歩く、みたいなことをしていたんですが、これがどうもダメだったんじゃないかと。

だってお店にしてみれば、目玉商品を置いているのは他のものも買ってほしいからですよね。そこを無視して「いいとこどり」されたら嬉しいはずがありません。そんなことをしておきながら、たかだか200円程度のお金を払ったくらいで笑顔を期待するって、それはお前が間違っているだろうと。

なので目玉商品を買う場合は、そのお店で他のものも一通り買い揃える、ということを心がけるようにいたしました。

その2　多少高くとも本当に買いたいものをきちんと買う

これもケチな性分が災いし、値段表示を見てちょっと高いと、どうしても買うのを躊躇してしまうのです。

しかしよくよく考えてみりゃあ、「高い」ったってレストランで食事することを思えば高くも何ともない。数百円レベルの話なんだから……っていうか、アンタそもそも所詮は観光客でしょうが！　言葉もできず、皆さまにご迷惑をかけているのだから、人様よりも余計にお金を落としていくのがスジってもんでしょうよ！　心から「食べてみたい」と思うものが見つかったなら、喜んで高めに払わせていただきます、くらいの気持ちにならなきゃいけないでしょーが！

そう、お金とは「応援券」でもあるのです。良きものを売ってくれる人に対するリスペクトの表明。ありがとうこんな良いものを売ってくれて、これからも宜しくお願いしますというメッセージ……ということを普段から心がけていたはずが、ちょっと言葉が通じないと「騙されないゾ」「高いものを売りつけようったってそうはいかないゾ」みたいなドウデモイイ自意識がむくむくと頭をもたげ、結局は大きな魚を逃していたのであった。

そうなのだ。人は自分に敬意を払ってくれた人に敬意を払うもの。言葉は通じずとも、感謝と敬意が伝わればきっとニッコリしてもらえるんじゃないだろうか？

その3　無理やりでも何かしゃべる

とにかくフランス人を見ていて感心するのは、とにかくしゃべる。しゃべりまくる。女も男も老いも若きも、黙って何かをするということは絶対にない。マルシェでも同様で、何かを買うことと、おしゃべりはセットなのです。そのことを、店の人も、客も、同様に楽しんでいる。これが高じて、長い行列の先頭の人と店の人との会話が延々と終わらず、せっかちな日本人はついイライラしたりするわけですが、それは全くのお門違いであって、マルシェとは、お金を媒介としたコミュニケーションの場なのだ、いやむしろおしゃべりのほうがメーンで、ものを売り買いするのはもしやそのための口実ではなかろうかということにだんだん気づいてきたのでありました。

だから「指差し」でももちろん売ってくれるけれど、それでは、客としてはミッションの半分しか遂行したことにならないんじゃないだろうか？　だから私はいくら買い物をしてもなかなかニッコリしてもらえないんじゃなかろうか……と思うに至ったのです。

とはいえ。

とにかく「言葉が話せない」という冷徹な事実は動かせない。

で、どうするか。

ここには人によっていろんな対処法があると思います。例えば英語でもいいから話すとかね。でも私は英語もダメなので、そんな私でもできる手段を必死に考えました！

思いついた手段は二つ。

一つは、とにかく注文の時、めちゃくちゃでもいいから表示してある言葉を読む！

「サ」（これ）と指差してから、「えーっと、ジャンボン（ハム）ドゥ　何とかかんとか……？」などと一生懸命読むと、先方が「ウィ、ジャンボン　ドゥ　ペラペラペラ……」と正しい発音をしてニッコリとしてくれる。

まあバカみたいだが、実際、これだけのことで全然違うのだ。何となくその場の空気がほんのり温かい感じになるのであります。

これは想像だけど、おそらくフランス人は沈黙に耐えられないのだ。だからなんでもいいから「やり取りができる」ことが嬉しい、というかホッとするんじゃないでしょうか。で、言葉もできないのに頑張ってそういう場面を作り出したこちらの「心意気」を嬉しく思ってくれるんじゃないだろうか？

もう一つは、相手の言うことをちゃんと聞くこと。

とにかく言葉ができないと、それだけで最初から焦る。で、焦っていると、相手が何を言おうが、っていうか何かペラペラと言われれば言われるほど慌てちゃって、相手の発言を無視してこっちの言いたいことだけを強く言う感じになっちゃうんだけど、そこをグッとこらえて一生懸命聞いていると、英語を交えて何かを伝えようとしてくれたり、商品の名前や数を確認しようとしてくれたりしているのであった。

つまりは、親切にしてくれていたのだ。

なのに私はずっと、それをさえぎって、「いいからこれください！」みたいな態度を取っていたのである。これではダメに決まっている。

一生懸命聞いて、何とか言っていることの断片だけでも聞き取れれば、言葉で返事はできずとも、うんうんと頷いたり、いや違うと首を振ったりすることができて「キャッチボール」につながっていく。つまりは、あらまあ何とか会話のようなサムシングになっているじゃないの！　そうなればしめたもので、先方の愛想は全く素晴らしく良くなるのでありました。ニッコリいそいそと商品を包んで「メルシー、オールヴォアー、ボンジョルネ〜（良い1日を）」と商品を手渡してくれる。

というわけで、この日頑張って買ったものは以下の通りです。

- 根セロリとラディッキオ（八百屋）
- みかん、洋梨（果物屋）
- くるみ（ナッツ屋）

いずれも前記の必勝法をしっかりと心に刻み一生懸命買わせていただきました。気のせいかもしれませんが、笑顔をいただける確率が上がってきたように思います。っていうか方針が定まると腹が据わり、落ち着いて買い物できるようになっただけかもしれませんが……。

《今日の小ネタ》

◎なーんて偉そうにコーシャク垂れてますが、異国での苦労はまだまだ続いております。例の朝カフェ修行では、頼みの愛想のいいギャルソンはおらず、刺青をしたロックな美人ウエイトレスが仕切っていてビビる。しかも「カフェ・クレム」と注文すると即座にあれこれフランス語でまくしたてられ、ようやくサイズを聞かれているとわかり「プティ（小さいやつ）」と言ったところ、ウンと深く頷いて去って行ったので盛大にホッといたしました。しかし彼女はよく観察していると、なかなかの傑物。本当に元気いっぱいで、店に流れているアメリカンロックに合わせて鼻歌を歌ったり踊ったりしている。当然店の大人気者である。にしても、フランス人って英語をちっとも話さない割にはアメリカの音楽が大好きなんだね。

◎マルシェで買った「みかん」ですが……フランス語では「クレマンティーヌ」っていうんだよ！　日本でみかんといえばコタツ。つまりは田舎娘のような素朴なイメージですが、当地においてはまるで女優さんのような扱いなのでありました。食べてみたら、みかんというよりオレンジのような。なので輪切りにしてオリーブオイルと胡椒と梅酢醤油をかけてサラダにして食べた。うまし！

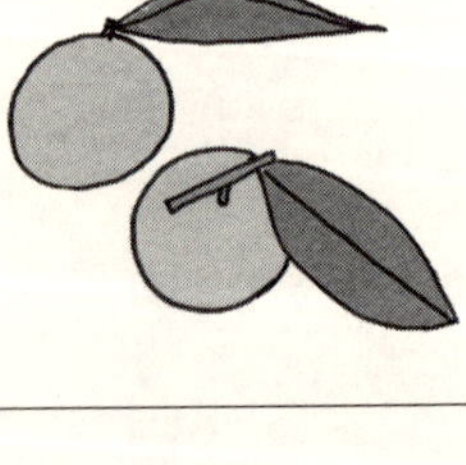

◎東京でやらないことはリヨンでもやらない！　と固く決めていたんだが、早くも禁を破り、自分用のケーキ購入。だって近所に「ここは絶対いい店に違いない！」という佇まいの小さなお菓子屋さんがあったんだもん。ウインドーに飾ってあった手のひらサイズで薄さ数ミリのりんごのタルトを必死のジェスチャーで

手に入れ、半分でやめておくはずが一気に完食……。だってパリパリで酸っぱくて甘さ控えめで本当に美味しかったのだ。健康に命をかける中年女にあるまじき行動ではあったが、我が店選びの感度の良さを確認し、「よかったよかった」ということにしておく。

7日目（木曜日）ワイン屋でワインを買う

フランスはリヨンにて、料理して機嫌よく食べて暮らす……ということになると、当然ワインが飲みたい。

っていうか最初はそんなことはあんまり考えていなかったんだが（そもそも日本酒党）、エアビーのホストであるニコラがサービスで「ウエルカム・ワイン」を机の上にドーンと置いてくれていて、まあなんて親切なとありがたく飲ませていただいて、ふとラベルを見たら、「コート・デュ・ローヌ」とある。

ローヌ……あらまあそういえば、ここはローヌ県であった！

それならここにいる間はコート・デュ・ローヌを飲まなくっちゃと思ったのです。これも何かのご縁ですからね。いやね、このトシになるとご縁というものの貴重さが身にしみるのです。若いときは「選択」したいと思っていた。でも今は「ご縁」で動くのがウレシイ。

　ということで、そのウエルカム・ワインを数日かけて飲み干した後は、当然ながら自力でワインを買わなければならない。

　パリで暮らした経験のある姉によると、ワインはスーパーで買えばよいと。なるほど近所のスーパーを外から覗くと、確かにワインがずらっと並んでいて値段も手頃っぽい。

　というわけで、早速スーパーで買いました。5ユーロちょっとのコート・デュ・ローヌ。安い。ただ意外だったのは、本場なんだからさぞ棚はコート・デュ・ローヌでびっしり占められているかと思ったら、キアンティ（イタリアワイン）とかそんなのがずらずら並んでいて、コート・デュ・ローヌを探し出すことそのものが一苦労だったこと。で、やっと見つかったと思ったら3種類しかなくて、その中からよくわからないながら適当に選んでレジへ行き、お金を払って一件落着。で、飲みました。普通に美味しかった。

でもね、なーんか違うなあと。

面白くない。

日本のスーパーで手頃なワインを買って飲むのと変わらない感じ。

その理由は明らかであります。当地でも「スーパーで買った」からです。

そもそも私、日本でもスーパーでお酒を買うことはしていません。いや、昔はやっておりました。お酒はスーパーかデパートで買うものだと思っていた。でも、とあるきっかけで日本酒にはまってから、「お酒を酒屋さんで買う」楽しさに目覚めたのです。だってきちんと相談さえすれば、その道のプロが、私のためにお酒を選んでくれるんですよ！　それを利用しない手などあるでしょうか？　スーパーで買っていた頃の私は、商売人の口車になんぞ惑わされることなく安いお酒を雑誌やネットなどの情報を元に選ぶことのできる自分を「賢い自立した消費者」だと思っていましたが、今にして思えば単なるアホだった！　だってそういう情報ってあくまで一般論でしかない。当たり前のことですが人の好みは千差万別ですからね。これまでなんと損をしていたことか！　と思ったわけです。

ならば、国は変われど酒は酒屋で買う。それが私の取るべき行動ではないかと。だって何度も言いますが、日本でやっていることをそのままやる、それがこのたびの旅の戦略なのですから。

しかーし。

よく考えるとハードル高すぎです！

まず、もちろんフランス語できない。

さらにそれだけじゃない。野菜なら外見でそれなりに自分の欲しいものが自分でわかるけど、ワインに関しては全然わからない。そもそも自分がどんなワインを求めているのかもよくわかってない。これは言葉以前の問題です。そんな客に来られても、お店の側だって何をオススメしていいのやら困っちゃうはず。

うーん。どうしよう……と散々悩みましたが（全くもうこんなことでいちいち悩む自分が我ながらバカというか可愛いというか……）、まあやってみるべし！　やらない後悔よりやった後悔！（もはや座右の銘）と自分に言い聞かせ、前からチェックしていた近所のワインショップの前を散々ウロウロして店の雰囲気をよくよく確かめ、ようやく意を決して中に入ったのでした。

もちろん事前に戦略は立てましたとも。

「コート・デュ・ローヌの赤ワインが欲しい」と伝える。以上。

だってそのほかに言えることがないんだもん実際。

で、お店に入ると、奥のレジのところで、メガネをかけた学者のような風貌のおじさまが一人で店番をしています。まずは元気にボンジュールと言ってお店に入り、ずらりと並んだ棚を深呼吸して眺めると、あら、ありましたよ！　コート・デュ・ローヌのコーナーが！　っていうかものすごい量！　一棚全部がコート・デュ・ローヌ！

うれしい！

しかしここで私の戦略はにわかに崩れました。だって「コート・デュ・ローヌの赤ワインが欲しい」って言おうと思っていたんだが、ここにちゃんとあるじゃないですか。問題はここから何をどうやって選んだらいいのかわからないってこと。もちろん適当に値段で決めて「これください」ってレジへ持っていけばいいんだけど、それじゃあスーパーで買うのと変わりません。

なので勇気を奮い起こして、ご主人に「コート・デュ・ローヌの赤ワインが……」と下手すぎるフランス語で一生懸命話しかけたところ、「英語でどうぞ」と言われ、逆に英語を準備していなかったので焦る（笑）。でも何とか精神を立て直し、この棚は全部コート・デュ・ローヌですよね、と、言わずもがなのことを言い、そうですよと言われ、その後話すことが全く思いつかず、慌てて準備していた唯一のキーワード「スパイシーなのが……」と口走る。

いやー、これってもしかして、日本の酒屋さんで、知ったかぶりで「辛口のやつ」っていう評判の悪い客と全く同じなのでは……？　と思いつつ、実際それしか言葉が出てこなかったんだから仕方がない。

するとご主人、ウンウンと頷いて、こう返してきました。

「どんな食事と合わせるんですか？」

な、なるほどそうきましたか！

迂闊にも全然予期していない質問だったので慌てましたが、再び気を取り直し、しどろもどろになりながらも「野菜のスープと、チーズと……」と言うと

「それなら、あまりスパイシーなものは合わないと思う。軽くて、少しだけスパイシーなのがいいですね。これがいいと思いますよ」

と言って、1本選んでくれたのです。8ユーロ台と値段も手頃。

というわけで、じゃあそれにします！と言って、くるくると紙に包んでもらい、お金を払って元気に帰ってきたのでした。ミッション完遂！いやいや何とかなるもんだ。

それはさておき、私が感心したのは、明らかに全然ワインに詳しくない人間がノコ

ノコやってきたにもかかわらず、決して侮ることなく、媚びることもなく、こんなふうに具体的に、その人に合わせたワインを迷いなく選ぶご主人の力量であります。

小売店なら当たり前のことなのでは？　と思われるかもしれないけど、日本の酒屋さんだったらどうかなあと。

店にとってみれば、初めて来た客に「オススメは？」って聞かれるのが一番困ると思うんですけど、その時にどうやって「質問返し」をするか。いろんな方法があると思うんですが、「どんな食事と合わせるのか」っていう質問は、なるほどなーと思ったのです。

もちろんワインという「マリアージュ文化」では当たり前の質問なんでしょうが、その人の食生活を聞くことでオススメのお酒が見えてくるっていうのは、なるほど非常に合理的です。

そして言うまでもなく、その答えを聞いて、たくさんのボトルの中から「これ」っていうお酒を選ぶには、棚を知り尽くしていなきゃいけない。日本の酒屋さんでもそういうちゃんとしたお店はちゃんとありますが、そうじゃないお店もまたたくさんある。相手が誰だろうが、安易に「流行りのお酒」をオススメしそうな店も少なくありません。そう思うと、日本のお酒業界はもっともっと伸び代がある！　と思ったのですがどうでしょうか。

ちなみにこのお店は「ニコラ」というチェーンで、フランスではそこらじゅうにたくさんお店があるんだけど、チェーンであってもちゃんと店主が「プロ」ってとこもいいなと思いました。

というわけでオススメのワインを美味しくいただきました。本当に美味しいってこと以上に、私のために選んでいただいたってことが美味しさの8割だったと思う。飲み終わったらまた行ってみよう！　と思ったことでした。

ちゃんちゃん。

《今日の小ネタ》

◎恒例朝カフェ修行。今日も例のロック女子が仕切っていて緊張。しかもなかなか注文を取りに来てくれない。仕方がないので辛抱強く待っていると、遠くから「マダム！　プティ・クレムでいいの？」と大声で聞かれる！　はっとして、びっくりして、大きくウンウンと頷く私。いやいや私の昨日の注文覚えていてくれたんだ！　常連認定？　やった！　やりましたついに！　と心の中で大興奮していたら、持ってきてくれたカフェ・クレムにいつものクッキーがついていない。まあいいけどね……と思っていたら、後からクッキーを持ってきてくれてニヤリとされた。さらに舞い上がる私。ここまでくるとほぼ恋愛に近い。思い通りにならぬ気まぐれな恋人の行動に一喜一憂するおばさん。このようなことが50を過ぎて我が身の上に起きるとは想像もしていませんでした。

◎ということで、常連らしく、初めてカフェでパソコンを開いて原稿を書いてみる。

◎すっかり気を良くしてスキップ状態でマルシェへ行き、東京でやらないことはリヨンでもやらないという禁をまた破って肉を買う。だってサラダばっかり食べてたらどうも腹が冷えてきて、肉を食べないとバランスが……というのは半分本当ですが、本当の本当は、肉屋で買い物がしてみたかったのです。フランスの肉屋さんは白衣のようなものを着ていてかっこいいのだ。そういえば日本では肉屋さんそのものをあまり見かけなくなってしまった。

◎にしても、マルシェで笑顔で応対してもらえる確率が急上昇！「銭湯方式」やはり有効？　何か流れが変わってきた？

8日目（金曜日）
ミラクルデー

昨日から、予兆はあった。でも今日はそれどころじゃなかった。

やはり明らかに「流れ」が変わったのであります！

いやー、世の中にはこんなことが本当にあるのだ。何かをしようと必死に粘っていると、最初は何をどうしたってダメなことだらけだったのが、ある時から急に、物事がカチカチと音を立てて嚙み合い始める……というのはドラマや映画では見たことがあったのだが（例・ロッキー）、まさか自分の身にこんなことが本当に起きるとは考えてもみなかった。

生きていると、こんな日がある。

ということを、53歳にして知ったのでありました。

ミラクルその1

恒例朝カフェ修行。いつも座っているスツール席が満員で、仕方なくこそこそと奥のボックス席に座ると、例のロックな美人ウエイトレスが「マダム、こっち空いたわよ！　座れるわよ！」と言って手招き。いつもの席に座らせてくれる。う、嬉しい……。しかも、もはや注文も取られずなんの確認もなく「プティ・クレム」がどんと机の上に置かれる（涙）。ああ私、やりました！　ついに！　東洋から来た妙なアフロではありますが、完全にお店の常連として受け入れていただきました！

ミラクルその2

しかも今日は週末なので、拡大マルシェであります。嬉しい。で、カフェを出て元気よく店の間を歩いていると、小さな机に並べた黄色い水仙を売っているおじさんを発見。2日目に見た「ミモザおじさん」だけじゃなくて、「水仙おじさん」もいたんですね！

迷わず近づいて「一束ください」と言えたのは、初日にミモザを買わなかったことが心残りだったから。「本当に欲しいものがあったら迷わず買う」というマルシェ買い物必勝法を実行に移したのです。

　すると、花を買う人は多くないせいか、水仙おじさんは大変喜んでくれて、天使のような笑顔でメルシーと言っていただきました。たった2・5ユーロの買い物なのに、とても良いことをしたような気が。

　……これを本当の「お買い得」というのでは？


　しかも、それだけでは終わらなかったのです。その水仙を持って歩いていたら、フランス人の反応が明らかに違う。すれ違う人すれ違う人、私の顔を見てニッコリ笑いかけてくるのです。お店の人もミョーに優しい。こ、これは一体どうしたことか？　キツネにつままれたよう。た

だの水仙が魔法の杖に見えてきた。それともリヨンでは、花を買う人は「いい人」と認定されるのか？

今もって、正確なところはよくわかりません。

でも、なんとなくわかるような気もするのでした。食べられるわけでもお土産にできるわけでもない、つまりは何の役に立つわけでもない素朴な「花」というものを買おうと思った心持ち。おじさんに喜んでもらったことそのものが嬉しかったその気持ち。そこにはなんというか、ものすごく大げさに言えば、このクロワ・ルースという場所に対する純粋な愛と敬意があった気がするのです。

そのムードがね、なんか伝わったんじゃないかと……。

ミラクルその3

で、ついに「事件」は起きたのでありました。

リヨンに来て1週間の本日、ついにアフロに反応が!!

あ、「だから何なんだ」とお思いですよね。当然です。でも私にとっては非常に重要なことなのです。

だって、7年ほど前にたまたまアフロにしたところ突然モテ始めたというウソのような現実に遭遇し、現在に至るまでそのことに相当人生を助けられておりまして、で、これがもし世界でも通用したらアフロすごいぞと。まさに最強だと。だってアフロでさえあれば世界のどこでもちゃっかり愛されて生きていけるかもしれないんですよ……ということで、一人勝手に海外へ行くたびに「アフロ定点観測」を続けているのであります。

ちなみにこれまでアフロで出かけて行ったインドとブータンではかなりウケておりました(インドでは観世音菩薩と言われた)。2戦2勝。勝率10割。アフロなかなかであります。

しかし当地リヨンでは、到着以来ずーっと、全くの黙殺。

接触した人の誰一人として、良くも悪くも反応した人そのものがゼロ。いやまあ考えてみればそれも致し方ない。だって当地にはリアルなアフリカンの方々が少なからずおられるのです。つまりはアフロ全然珍しくない。しかも、リアルアフロって本当カッコイイんだわ！　やはり本物は全然違う！　というわけで、所詮はパーマの偽物アフロなど全く注目に値しないのでありましょう。やや寂しくはありましたが、まあ当然のことと自分に言い聞かせておりました。

ですが、突然来ましたよ！　本日ついに！

それは、マルシェの八百屋さんでキノコを物色していた時のこと。突然、八百屋のマダムがやたらニコニコして熱心に何かを話しかけてくるではありませんか。例の「水仙」について何かを言っておられるのかと思い、え、何なにと聞き返すのですが、どうもそうじゃないようです。しかしじゃあ何なのかというと全然わからない。

困っていると、隣にいたお客さん（おばさま）が通訳を買って出てくれて、片言の英語で「あなた、どこから来たの？」。ああそういうことかと思い「ジャポン！」と言ったところ、八百屋のマダム、ふんふんと頷きながら再びフランス語で何かを熱心に尋ねてきます。

で、再び隣のおばさまが通訳を担当。今度は私の頭を指差して「ユアヘアスタイル！」と、ニコニコして言うではありませんか！

ついに来ました!!　アフロツッコミ！！！！

……と思う間もなく、驚いたことに、周囲にいた買い物客のおばさまたちが寄ってたかって私の頭を指差してニコニコペチャクチャとおしゃべりを始め、いろいろと質問攻めにしてくるのです。もう何が何やらよくわかりませんでしたが、どうも「日本ではみんなそんな髪型をしているの？」「どうしてそんな髪型をしているの？」的なことを聞かれていたようです。

いやー……ずーっと無視されているのだと思っておりましたが、そうじゃなかったんだ。皆さん、内心気になっていたんですね!!

推察するに、なぜ東洋人がアフリカ人の真似をしているのか全く理解できなかったので、突っ込みようがなかったというか、正面から聞いていいものかどうか判然とせず、ずっとウズウズしながら遠巻きに見守ってきたのではないでしょうか……。

というのも、別れ際に八百屋のマダムがニコニコしながら大声で一言、

「ビバ・アフリカ！」

とおっしゃったので……（笑）。

どうも、アフリカをリスペクトしすぎてアフロにしているのだと思われたようです。いや別にそういうわけでは……しかし改めてそう言われてみると、我ながら何でアフロにしているのかよくわからなくなってきます。

しかしいずれにせよ、好意的に受け止めてもらえたようでホッといたしました。

やはりアフロは世界の共通語！

ミラクルその4

さらにミラクルは続く。

昼食後、珍しく天気が良かったので、散歩がてら、かねて行きたいと思っていた川向こうのリヨン動物園にてくてく歩いて行ったら、入り口のところでベンチに座っていたおじさんと目があったので愛想よくにっこりしたところ、おじさん、後から走って追いかけてくるではありませんか。で、どこ行くのというので「動物園」と言うと、僕が案内してあげるよと言って親切に案内してくれたのはいいんだが、途中から「君はすごく綺麗だね」「僕は一目で好きになった！」と言われ、適当に受け流していたら最後は「結婚しよう」と迫られる（笑）。

というわけで、今日は本当に恐ろしいようなモテ日でありました。最後はモテすぎて危険を感じ、勝って兜の緒を締めよと早々に帰宅して、せっせと縫い物に勤しんだのでありました。

《今日の小ネタ》

◎支払いをする時、頑張って細かいお金を数えてジャストな金額で支払うと、お店の人がにっこりして「パルフェ！」と言ってくれるので、「よくやった！　完璧！」と褒められているのかと気を良くしていたら、あまりに毎回同じように言われるので、どうもこれは褒められているんじゃなくて単に「ちょうどいただきます」という意味だということに気づく……。

◎フランスの好きになれないところ（その1）
家の中で靴を履くところ。
なーんかくつろげない！
で、脱ぐと足が冷たい！
……毎晩ジレンマに悩む……。

9日目（土曜日）異国でおしゃれ

　さて、こうして約1週間の苦闘の末に、「居場所がない」どころかモテの兆候すら見せ始めたアフロですが、その原因の一つが、我が「おしゃれ」にあるのではないかと。

　いや、誤解されぬよう慌てて言っておきますが、別に私が特段イケているとかそういうことが言いたいのでは全くありません。というか、そもそも全くイケていなかった。それが、当地に来て「おしゃれすぎる」フランス人の方々を目の当たりにするうちに、フト思うところがありまして、ちょっと心を入れ替えてみたのである。

　それがもしかして、このたびのモテにつながっているのでは……と思った次第でして、その顚末を書いてみたいと思います。

………

異国暮らしは悩みの連続ではありますが、中でもこちらに来て最も悩まされたことの一つがコレ。

う、浮いている……。

いわゆる「暮らすように旅したい」などということを計画したが故に、繁華街ではなく住宅街にアパートを借りたのがそもそもの敗因であった。

狙い通り、アパートは落ち着いた住宅街にあった。だが考えれば当たり前のことなのだが、住宅街には外国人観光客などいないのである。一度だけ、日本人女子三人組が身を寄せ合って心細げにマルシェを見学しているのを見かけたが、それ以外は日本人どころか東洋人を見なかった。ついでにアメリカ人とかドイツ人らしき人も見なかった。つまり観光客が異国の住宅街に滞在するということは、完全アウェーに身を置くということだったのである。地元に溶け込むどころか、ぱっと見ただけで私だけが周囲から明らかに浮き上がっている。これは非常にムズムズする。緊張する。落ち着かない。

で、それはどうも人種のせいだけではないのであった。

服装が、違うのだ。

当地の女性は、あまりにもおしゃれであった。

いや、さすがの私とてそれは来る前からなんとなくわかっていた。だって「おフランス」ですよ！　なのでリヨンに発つ前、やはりフランスに行くんだから私だってちょっとはおしゃれに見られたいというミエのようなものもあり、どの服を持っていくかけっこう悩んだ。とはいえ荷物は多くしたくなかったので、厳選に厳選を重ねて、以下の服を持参したのである。

・茶色い革のライダースジャケット
・最大級に暖かい茶色のマフラー
・セーター3枚（白のタートル、黒のタートル、茶色のクルーネック）
・最大級に暖かい黒のニットパンツ
・スウェードの茶色いミニスカート
・チノパン

「最大級に暖かい」というのが2回出てくるのは「リヨンは雪」という情報があったからだ。暖かい服は、かさばる。故に、これだけでも小さなスーツケースの相当の体積が占領されてしまった。なので靴は茶色い編み上げ登山靴で全日程を通すことにした。

つまりは非常に厳しい条件の中、女性ファッション誌風に言えば、「スカートとパンツ、セーターをバランス良く組み合わせ、少ないアイテムながら豊富なバリエーションを演出できる最強の組み合わせ」を追求し、実行したのである。

で、内心「エッヘン」と言いたい気持ちであった。

何せ後半の酒蔵団体ツアーも合わせると計3週間の旅程なのに、ここまでミニマムに服を絞り込んだのである。それもこれも、日頃からミニマムな暮らしを心がけている成果である。具体的に言えば、会社を辞めて家賃圧縮のため小さなワンルームマンションに引っ越したおかげである。服をしまう場所がないので、山のように持っていた服も靴も9割は人様に差し上げて、今や「10着しか服を持たない」という「フランス人レベル」の暮らしなのだ。まさにそのスタイルをひっさげて本場フランスへ!! どうです。これぞまさに時代の先端なんじゃ?……などと勝手に自画自賛しておったのであります。

ところが。

当地のリヨネーゼたちを日々観察するうちに、それは全くの思い上がりだったことに気づいてしまった。

いやー、リヨネーゼたち、「10着しか服を持たない」どころじゃない！　みんな毎日毎日、全く同じ格好してる！

しかもめちゃくちゃかっこいい！


彼女たちの服装は、制服かと思うほどワンパターンであった。

まず、ボトムは黒のぴたぴたのスリムなジーンズ。足元はショートブーツ、もしくはスニーカー。そして大きなフードのついたスポーティーなジャケットを羽織っている。特に意外だったのは、もう本当にボトムが「スリムジーンズ」一辺倒だったこと。色は8割が黒。2割がブルージーンズといったところだろうか。

ここからは想像だが、これは「今年はスリムジーンズが大流行！」なんてことじゃなくて、彼女たちは去年も一昨年も、あるいはもっと前からずっとこのスタイルを通しているんじゃないだろうか？　だって本当にかっこいいんだもん。たぶん、これ以上彼女たちに似合うボトムはない。自分たちの体型（足が美しくて長い。お尻がキュッと上がっている）を知り尽くしていればこその究極のスタイルだ。で、これが究極だから迷いもなくて、いつもその究極の「同じ服」を着て、まっすぐ前を向いて、骨盤を立て、胸を開き、颯爽と歩いている。その姿勢と歩き姿が素晴らしくかっこいいので、ますますそのスタイルが際立つのである。

それからフードつきの上着ですが、みんなこれを着ているのには理由があって、なんと「雨対策」だったのだ。

当地ではしょっちゅう雨が降る。朝晴れていても、昼にはさっと曇って気づけば雨である。で、また晴れたと思ったら再び暗くなって雨……という繰り返し。日本でいえば山陰地方のような気候だ。

で、山陰では「弁当忘れても傘忘れるな」が合言葉ですが、当地ではもう傘をさすことそのものをやめたんですな。雨が降ってきたらサッとフードをかぶる。国が変われば常識も変わります。で、これがめちゃくちゃ可愛いんだわ。もちろん「首が長い」とか色々理由はあるけれど、何よりもその「さりげなさ」がニクイわけです。ねえねえ私ってオシャレでしょ？　みたいな自己主張は全くない。ただ必要なものを着ているだけ。さりげないっていうより「何も考えてない」といったほうが近い。

で、その結果ものすごくかっこいいんだから、これはもうなんというか格が違います。つまり、むかしの日本人が着物をかっこよく着ていたような感じなんじゃなかろうか？　必要なものを繰り返し着る。そのうちに、それが自分の体に馴染んでぴったりと似合ってくるというような……。

一方、そのかっこよさに比べたら、リヨンの繁華街で見かけた高級ブランド店のディスプレーは全然イケていない。いくら高級でも最先端でも、所詮はツクリゴトの世界である。正直薄っぺらいことこの上ない。つまりは当地へ来て私は、おしゃれであることと、洋服をたくさん持っていること、あるいは高価な服を持っていることとの間には、もう全くなーんの関係もないってことを完膚なきまでに思い知らされたのである。

「フランス人は10着しか服を持たない」なんてウソだっていう人もいるけれど、いやいやいや、あれは全く本当のことなのだと当地へ来て私は心から確信いたしました。っていうか、この人たち絶対、10着も服持ってないに違いない。そもそも「10着」と聞いてビックリしている我々とは発想からして違うのです。

で、ひるがえって私。

いや……我ながら、全くイケていない。

そうなのだ。自分に「一番似合うもの」は一つしかない。それを毎日着たらいいじゃんよ。それをしているからリヨネーゼたちはおしゃれなのだ。

なのに、なんで私、チノパンと、ニットのパンツと、ミニスカートって、ボトムスだけでも3種類も持ってきたのか？　どうして「二番目に似合うもの」「三番目に似合うもの」をわざわざ持ってきたのか？

答えは明らかで、あれこれバリエーションをつけることで「おしゃれな私」を人様に印象づけようと考えていたのである。つまりは「私ってミニマム！」などと自己満足しながら、所詮は「服をたくさん持っていることがおしゃれ」だと心のどこかで考えていたのであります。

で、そんな、二番目、三番目に似合う服を着ている私はもう本当に浮いていた。似合ってる似合ってない以前に、今日は昨日と違うスタイルです、私ってなかなかおしゃれでしょ、みたいな自負が、なんともブヨブヨとみっともないのである。

……そう「さりげなくない」！

はい。私、間違っておりました。

ファッションとは自分を知ることである。自分の良いところを発見し、それを最大限表現できるスタイルを見つけること。それができれば自信と余裕を持って世の中と対峙することができるのだ。

だとすれば、旅行先でこそ、そういう「究極のおしゃれ」をすべきじゃないでしょうか。だって心細い異国では、自信と余裕こそ間違いなく必要なものだ。それに、限られた滞在期間の中で、一度しか会わないかもしれない人に会うのが旅行なんだから、いつも「一番似合う服」を着ていたほうがいいに決まってます！

……と気づいた私は、遅まきながら、着る服を一つに絞りました。

スウェードのミニスカート。茶色いセーター。連日これぱっかりです。客観的にかっこいいかどうかはわからないが、自分としては「これが一番似合っている」と判断したのだ。

で、そうと決めてしまったら、これが効果絶大であった。

まずは当然のことながら、実に楽ちんである。毎朝「今日は何を着ようか」と迷うこともない。そして「これって本当にイケてるのか？」と不安に思うこともない。だって泣いても笑ってもこれが今の私の究極なのだ。あとは胸を張って堂々と歩くだけである。

で、不思議なことに、そうなったら「浮いている」というあの嫌な感じもなくなったのだ。私は私である。で、精一杯の最高のおしゃれをしている。まあ浮いているとは思いますが、これ以上はどうしようもない。まあ許してね。どうぞよろしくお願いしますという思いである。

そうか。これでいいのだな！

これから旅行先へ持って行く服は1着でいい。というか、一番似合う服を着ていけば、スーツケースに洋服を詰める必要もないのだ。そう考えるだけで心が躍ります。旅って本当はもっともっと身軽にできるものなのだ。

で、リヨン滞在中、私にはもう一つの欠かせぬ「必須ファッションアイテム」がありました。

それは、アフロにくっつけた大きい派手な髪飾りである。

ある日、たまたまこの髪飾りをつけてマルシェの通りを歩いていたら、すれ違ったおじさんが「それいいね！」と褒めてくれた。で、ハムを買った肉屋の若いお嬢さんにも「それかわいい」と褒められた。

もちろん褒められて嬉しかったんだが、それよりも何よりも、これはフランス人にはウケるんだとわかったことが大きかった。

つまりは「しめた！」と思ったのである。

以後、連日欠かさずこの髪飾りをつけた。すると本当に少なからぬ人がニコニコと親切にしてくれるのである。なぜなのかはよくわからないけれど、この髪飾りを見るとフランス人の顔はパッと輝くのであった。こちらとしては「あ、喜んでいただけましたでしょうか……？」という感じである。言葉もできず何の芸もない私を、この髪飾りが本当に助けまくってくれたのである。

なるほどファッションとは似合うとか似合わないってことも大事だが、ウケるかウケないかってことも大事なのだということも知ったのでありました。

《今日の小ネタ》

◎恒例朝カフェ修行は惨敗。例のロック女子はいなくて、クールなギャルソンがクールな対応。カフェ・クレムを頼むと注文は無事通じたが、伝票がついてくる。常連客には伝票なんて持ってこないのよ。すなわち常連から一見客へと転落。

◎気を取り直して、週末だし少しは観光もしようと、昼食後の散歩がてら「リヨン美術館」へ。すると、なんと昔教科書で見た「体は正面を向いているのになぜか顔だけ横を向いた人たち」（古代エジプトの壁画）の実物があって、死ぬまでにこれを見ることになるとは思ってもみなかったのでオオ〜ッと感激。で、改めて、一体なんで皆、横向きなのかナーと考えていて、「そうか！　コミュニケーションだ！　皆、誰かに話しかけたいんだ！」……なんてどうでもいいことを思いついたのは、自分がコミュニケーションに飢えている証でありましょう。

◎それはさておき、昨日のあまりのモテぶりに「調子に乗っているとロクなことにならない」と自分に言い聞かせてはいたのだが、本当にそうだった。夕方美術館から帰宅したら……ん？？　Wi-Fiがつながらないじゃないの！　何度やり直してもダメ。もしやニコラ、Wi-Fiの会社に料金払い忘れてる？　などと想像するも、そもそもWi-Fiがつながらなければニコラに連絡もつけられないことに気づく。もちろんニコラ以外の誰とも連絡が取れない。ああ再び糸の切れた凧です……。

何とかしてどこかでWi-Fiを拾わねば。日本ではWi-Fiの使えるカフェがあることを思い出し、観光客が多そうな近所のカフェ2軒をはしごするが玉砕。不安と疲れでぐったりし、もう明日でいいやと開き直って帰宅。しかしやはりどうしたって心細かったらしく、明日の行動をシミュレーションしながら寝たら夢を見た。孤独死した人の死体処理を手伝うことになり、そのあまりの悲惨さに叫び声をあげそうになってハッと目が覚める。しばらくボーッとしながら、確かに、今私がここで死んだら完全に孤独死だよなと。そして、今も世界のどこかで腐乱し続けているであろう多くの孤独な死体のことを思う。

ああ人のつながりとは、なんとはかなく弱いものであろう。つながっているつもりでいても、それは何かの拍子で容易に切れてしまうのだ。だからこそ日々、人とつながり続ける努力を続けなければなりません。人に助けられ、人を助けること。そうか。それができていれば孤独死をしたとて不幸じゃないのだな。

そこまで考えたら少し気持ちが落ち着き、再び眠りに落ちたのでありました。

10日目（日曜日）パン屋の出来事

2日目におそるおそる初のマルシェへ行き、たまたまパンを買った。ただそれだけのお店でした。

何しろ全く勝手がわからなかった時のこと。そんな中、このパン屋さんのいかにも「田舎風」な、ホンワカした店構えに心惹かれました。店番をしていたご主人も田舎風で優しそうで、とにかく何かを食べなきゃいけないし、ここでパン買っちゃうか！と、勇気を出して立ち寄ったのです。

ずらりと並んだショーケースのパンの中で目にとまったのは、両手に抱えるほどの巨大な茶色いパン。非常に美味しそうだったんだがどう考えても食べきれそうにないので、「このくらい欲しいんですけど……」とおそるおそる手で大きさを伝えたら、

「イヤこれは切り売りはしていないんだ」と言われ、「大きすぎるならこっちのサイズがいいよ」と小さめサイズを勧められました。しかしそれでもデカイ。ウーンと迷っていたら、このパンは3日4日は全然持つから大丈夫と言われ、まあそれなら何とかなるかと、「じゃあそれにします」と言ったらおじさん、ニッコリウンウンと頷いて「それは正解だよ！　このパンは本当にすごく美味しいんだから！」と言って、薄い紙の袋をパンッと広げて手際よく包み、ハイどうぞと手渡してくれたのでした。

で、このパンがめちゃくちゃうまかった！

姉が、とにかくフランスに行ったらパンにバターをつけて食べなさいと言っていたので、マルシェのチーズ屋さんでバターを指差し会話で手に入れて、パンをオーブンで焼いてそのバターをつけて食べたら……いやほんとマジでうまい！　野生的な、味の濃い、でも硬すぎず、ちゃんとバランスのとれたパン。これが濃厚で優しいバターの味と絡み合って、いやほんと、これまで経験したことのない美味しさでした。

で、そうか、フランスはフランスパンだけじゃなくて、こういうドテッとした茶色いパンも美味しいんだと思って、ネットで「リヨンの人気パン屋」として紹介されていた近所のパン屋さんで似たような茶色いパンを何種類か買ってみたんですが……いやあ全然違う！　まずいってわけじゃないんだが、これといって美味しくもない。で、改めて、あのマルシェのパン屋さんのパンは特別だったんだと気がついたのです。

ところがその後何度マルシェに行っても、そのパン屋さんは見当たりません。どうも、週末だけやってくるお店のようなのです。

というわけで、週末を待って待って、満を持して土曜日に出かけて行きました。そしたらやっぱりいた！　しかも、この前行った時は客は私だけだったんだが、なんと5、6人の行列が！　いやー、実は人気店だったのね、そりゃそうだよネ美味しいもんネと自分の舌の確かさに自信を持つ。安易にガイドブックやネットの情報で有名パン屋を巡っていたらこのような出会いはあるまいよフッフッフ。そうなんだ東京で近所の美味しいお店を一つ一つ見つけてきたのと同じようにやればいいのである。で、ちゃんとできたじゃないの私！

で、おじさんも私のことを覚えていてくれて（こういう時アフロは有利です）、行列の中に私を見かけるとにっこりと目で挨拶をしてくれました。

わあ常連扱いじゃないか〜と、舞い上がる私。

で、今度は別のパンも食べてみたいと思って、ひまわりの種のようなものが周りについたパンを買い、アパートに帰って早速食べてみたら……確かにそれも美味しかったんだが、でもやっぱり最初に買ったパンのほうが美味しかったのです。で、前回そのパンを買った時、おじさんが「それは正解だよ！」と言ったことを思い出しました。あれは買ってくれたことへのお礼というか単なる決まり文句かと思っていたけれど、そうじゃなかったんだ。おじさんは本当にそのパンを心からオススメしていたんだと思ったのです。


で、本日日曜日、再びこのパン屋さんへ。

するとやはり長い行列が！　いやあマジで人気店なのね！　もはや我が事のように

嬉しく。もちろんおじさん、いつものごとくニコニコと元気に接客をしています。観察していると、やっぱりこの店を贔屓にしている常連さんが多いみたいで、「あのパンは今日はないの？」「今日はこれにするわねー」みたいな感じで、みんな嬉しそうにパンを買っていく。

で、やっと私の番が来て、こんにちはと挨拶して、最初に買ったパン（どうしても名前が覚えられない）を指差して、読めないフランス語の名前を一生懸命発音しつつ、これをくださいと言ったら、おじさん、パッと花が咲いたように本当に嬉しそうな顔をして、「そうでしょう！　これは本当に美味しいんだよね!!」と。

いやー、おじさん、全部覚えていたんですね！

私が最初にこのパンを買ったこと。その次は別のパンを買ったこと。で、本日やっぱり最初のパンを買いに来たこと。

つまりその私の行動から、おじさんは、私はこのパンが本当に気に入って、今日また買いに来たんだってことを理解したのです。で、おじさん自身もそのパンが本当に美味しいと思っているので、やっぱり君にもわかったかこの美味しさが！　と、嬉しかったんだと思う。

となれば、ここは私も何か言わねばなりません。ものすごく拙いフランス語と英語がごちゃごちゃになった言葉で、「これ、先週買って本当にめちゃくちゃ美味しかったんで！」と一生懸命伝えさせていただきました。でももうここまでくると言葉はあんまりいらないんだと思いました。だってもう絶対気持ちが通じ合っていたからです。私がおじさんの仕事を本当に心から尊敬しているんだってことは絶対伝わったという確信がありました。

で、何が言いたいのかというと、たとえ言葉は通じなくても、人に気持ちを伝えることができる。それは「行動」なんだと改めて思ったのです。

常連になるってことはお店に対する支持の表明だってことは日本でもずーっと思ってきたことで、真剣に店を吟味して、気に入ったらせっせと通って、自分なりに感じのいい行動を取って、買ったものが気に入ったらちゃんと言葉で伝えて、そうすることで自分の居場所や知り合いや友達を少しずつ増やして暮らしてきました。で、そのやり方はもしかしてどこでも通用するんじゃないかと思って、はるばる、そして恐る恐る当地リヨンまでやってきたわけですが……。

やっぱりできた!!　通用した!!

と思ったというわけです。

まあうまくいかないこともいっぱいですが……でもうまくいったこともちゃんとあった!!

大丈夫だ!!

と思ったので書きとめておこうと思ったのでした。

ちゃんちゃん。

《今日の小ネタ》

◎例のWi-Fi問題。不安のうちに目を覚まし、朝一番にドキドキしながら例の隣の隣のブラッスリーへ。すると例の恐ろしいウエイターはおらず、アメリカ映画に出てくるカントリーガールのようなニコニコ女子が胸を張って「もちろんWi-Fiあるわよ！」。た、助かった……。しかも紙とペンを差し出すと「あらどうもありがとう！」と満面の笑みで（お礼を言いたいのはこっちです！）パスワードを書いてくれて、わざわざ数字を一つ一つ読み上げてくれる。な、なんて親切な……。この紙は我が家宝として大切に保存いたします。

◎で、早速ニコラにメッセージを送る。正直、ここへ来る前は「一体どーなってるんだ！」とつっけんどんな文章を送る気満々だったのだが、ニコニコガールのおかげで我が礼儀正しい心が蘇り、「あなたのおかげでとっても素敵な旅になっています。クロワ・ルース最高！」と書いてから、ところで一つ問題が……とやんわりWi-Fi問題を指摘。すると10分ほどしてニコラから返信が。正直「ごめんごめん」という謝罪を予想していたのだが、私の丁寧なメールが奏功したのか、君がハッピーな暮らしをしていると知って僕もハッピーだよ～という書き出しで、思わずずっこける（笑）。で、Wi-Fiはリセットしたから数分で元どおりになるはずだからトライしてみてねとのこと。リセット！　なるほどそういうことか（どういうことかわからない）。でももう大丈夫だ。万一復旧していなくても、このブラッスリーに来ればニコニコラと連絡が取れるんだからね！　もう怖いものはありません。にしても、ニコニコガールよ本当にありがとう！　このご恩は一生忘れません。早速家に帰って試すと、ちゃんと復旧していました。やったー!!

◎ピンチを脱したので、浮かれて勢いよくマルシェへ行き、パンのほか、魚屋の威勢のいいお兄ちゃんからサバなど買ってスキップして帰る。

◎それはさておき、今日のマルシェでは、これまで聞かれなかった質問を立て続けにされた。

「袋は持ってないの？」

「20セント（つまり1ユーロ未満の小銭）は持ってないの？」

毎日ウロウロしているので、少しずつ「プチ住人」として認識され、要求のハードルが上がってきたのか？　それとも、これまでも同じことを聞かれていたのに全く聞き取れず無視していただけなのか？　ふむ……いずれにせよ進歩じゃないか!!

と、自分で自分を褒めておく。

コラム──フランス人から笑顔をゲットする方法

なんだかんだ言ってリヨンでそこそこ楽しく暮らしているように見えるかもしれませんが、現実はもう本当に日々フランス人に振り回されております。優しくしてもらったといっては舞い上がり、と思ったら、思いのほか冷たくされてどーんと落ち込む。

例の姉にそんな愚痴をメールすると、

「フランス人には『知らない人にも笑顔で愛想よく』みたいな文化がないだけ。むしろ、訳もわからず笑顔でヘラヘラするのはバカ、みたいに思っているフシがある。つまり文化が違うだけで、別に愛想よくされなかったからといって日本人が嫌いとかそういうことは全然ないから、いちいち落ち込まないこと」という、まあ散々フランスで苦労を重ねてきた姉貴らしいドライなアドバイスが。

しかし、これを読んで私、なるほどーと思いました。「訳もわからず笑顔でヘラヘラ」。それってまさに私じゃん！　だからバカにされるのか……。

確かに、日本人旅行客から見てフランス人の評判が「いま一つ」（愛想がない、フランス語しか話さない、お高くとまっている……などなど）なのは、なんというか「笑顔を繰り出すタイミング」が日本人とフランス人とではズレるからなんだと思うのです。

例えばカフェで注文を取りに来てくれた時、あるいはコーヒーを持って来てくれた時、こちらとしては笑顔でメルシーと言ったら当然ニッコリ笑顔が返ってきてほしいわけです。でもこれが案外そうはいかない。笑顔が返ってくることもあれば、そうじゃないこともある。なぜこのような差が生じるのか、我々にはよくわからない。なので、もしや自分が好ましくない行動を取ってしまったのでは……とモヤモヤが残る。で、次回は何とか笑顔をゲットしようと、姉貴が言うように「必要以上にヘラヘラ」してしまう。するとますます妙な雰囲気になって、笑顔どころか、何なのこの東洋人は？　みたいな空気が流れて、なんか身の置き所がなくなる感じになっちゃうんだよね。

とはいえ。

じゃあ一体どうしたらいいのか。「バカ」と思われないために笑顔は封印して無愛想に行動すればいいのか……？　いやむしろそのほうが大変だよ！　そもそも終始不機嫌な顔をしていたら自分自身がどんどん落ち込んでくるし、さらには何といっても、笑顔で対応すれば確率が高くないとはいえ相手から笑顔が返ってくる可能性はゼロじゃない。でもムスッとしてたら１００％笑顔は返ってきません。

ということで、私、考えましたとも！　考えては果敢に実験を繰り返し、失敗し、傷だらけになりながら、なるほどこうすればフランス人から確実に笑顔をゲットできるという方法をいくつか発見いたしましたぞ！

その１　道を譲る

……いやー、これこそバカ？　と思われそうですが、これが全くバカにならないのです。

何しろ「道を譲る」というシチュエーションはもうそこらじゅうで発生しうる事態です。例えば店に入って、狭い通路を向こうから人がやってきたら、すかさず脇に退いて、笑顔で「どうぞ」という顔をする。これはもう１００％ニッコリ笑顔が返ってきます。

あと、出て行く人がいたらドアを開けて押さえておいてあげる。これも間違いない。満面の笑みがゲットできます。

いやまあ書いていてあまりのバカバカしさに自分でも呆れます。そりゃ笑顔が返ってきて当たり前でしょうよ！　しかしですね、当たり前のことでも、やるかやらないかは大きな違いです。コミュニケーションという複雑系な事象において、これをやれば確実、絶対、ということを少しでも積み上げていくことは精神衛生上非常に重要です。

あと応用編として、マルシェで買い物をする時に「順番を先に譲る」というのもあります。普通の店では客は行列をして前の客から順番に応対してもらいますが、露天のでかい八百屋さんでは行列の作りようがない。なので店の人は絶えず「どの人が先かな?」と気を配って不公平が起きないようにしています。ですが場合によってはどっちが先か微妙というケースも起こり得る。そういう時こそチャンス! たとえ自分のほうが先だと思っていても、「いやどうぞお先に!」というジェスチャーをして順番を譲ると、相手から笑顔が返ってくるだけではなくて、お店の人からも感謝され、客としてのポイントがかなり上がります。

その2　お年寄りに狙いを定める

こんなことを書くと高齢者相手の悪徳商法を営む商人みたいですが……しかし相手から受け取るのは「お金」じゃなくて「笑顔」ですからね!

これも、本当に信じられないくらい有効な方法です。

きっかけは何でもいいのです。例えば、マルシェで野菜を物色していて、隣で同じように野菜を物色しているおばあさんがいたら、目を合わせてニッコリすると、必ず100%の笑顔が返ってきます!

あるいは、行列に並んで待っていると、先頭のおばあさんがあれこれ時間をかけて迷ったり細かい注文をつけたりして、他の客はもう気の遠くなるような時の経過をなすすべもなく過ごすのみ……ということがよくあります。フランスでは前に並んでいる人に全権があるので、おばあさんは誰に遠慮することなく時間をかけて買い物を完遂してちっとも構わないのですが、それでもこのような場合、実はおばあさんはほんのちょっとだけ、自分の後ろに並んでいる人のことも気にしているのです。なのでそんな時、当該のおばあさんと目を合わせて「ニッコリ」すると、おばあさんは本当に嬉しそうに「ニッコリ」するのです。

この方法に慣れてくると、たとえ道ですれ違うだけでも、お年寄りと目を合わせてニッコリのエールを交わすことができるようになります。これはおじいさんでも有効ですが、おばあさんのほうが笑顔カムバックの可能性は高いように感じます。

これが、若い人だとなかなかこうはいかないんですよね。やっぱり世界のどこでも若い人は忙しいし、多少イラついているし、用心深くもあります。なので若い人にはこちらも多少クールに振る舞うくらいがちょうどいい。姉貴の言うように、「やたらヘラヘラしない」。そう割り切ってしまえば、不思議なことになんとなく、彼らと波長を合わせて笑顔を交換する確率も少しずつ上がってきたりします。まあ本当に少しずつではありますが……。

しかし考えてみると、このお年寄りをターゲットにする方法というか発想は、私が目黒の銭湯でばーちゃんたちに揉まれながら何とか技術を磨いてきた方法なんじゃないかという気がしてきました。ああ銭湯のばあちゃんたち本当にありがとう～!!

お年寄りって世界共通で、多分孤独で、だからこそ優しいのかもしれません。あと、時間がゆっくり流れているせいか気持ちに余裕があるんですよね。まさに「年寄りは国の宝」！　日本のお年寄りも大好きですが、フランスのお年寄りも大好きになりました。

その3　細かいお金を揃えて支払う

これは、例の「パルフェ勘違い事件」（195ページ参照）で思いついたやり方ですが、なかなか有効であることがわかり、実に重宝しております。

フランスでとにかく何が一番大変かって、値段が聞き取れないこと（フランス語の数字の数え方といったら、異国人から見たら嫌がらせとしか思えないほどの複雑さ！）。なのでついつい何を言われようが、とりあえずは大きめのお札やコインを出して乗り切る……ということになりがちなんですが、たまに一生懸命お金を数えて「ちょうど」支払うと、例の「パルフェ」が笑顔とともに返ってくる。

その理由はよくわからないんですが、どうもフランス人はお釣りを計算して返すことが面倒臭いんじゃないかと想像。

で。

あらかじめレシートを提示されて余裕を持ってお金を支払える時は、できるだけ「ちょうど」のお金を準備する。この時相当な小銭（日本で言えば1円玉とか

5円玉など）がジャラジャラ混じっても、イヤな顔をされることは全くありません。むしろ一生懸命数えて準備したということが伝わるせいか、先方も一生懸命数えて、あ、ちょうどあるね！　ありがとう、「パルフェ！」と返ってきます。

仮に「ちょうど」用意できなくても次善の策がありますぞ！　先方が細かいお釣りを準備しなくていいように、端数だけでも準備する。例えば1・53ユーロならば、2・03ユーロを準備すると、これもまた「おっ、こいつちゃんと配慮してるな」という感じで店員さんのテンションが上がり、ちょっとだけニッコリしてくれます。

まあ要するに、ちょっとしたことではありますが、相手に配慮している、ということが伝わるんだと思うのです。

……とまあどうでもいいことを細かく書き連ねましたが、異国で一人ポツンと暮らしていると、実はこういうことが全くバカになりません。人が生きていくためには、食べ物やお金も重要ですが、それに負けず劣らず「笑顔」も非常に重要なんだと痛感します。

で、笑顔を得るには相手の気持ちに「同期」すること。そのためには相手をよくよく観察して、何が喜ばれるのかをどんな細かいことでもいいから見つけることができればいいんだなーと思った次第です。

11日目(月曜日)　リヨン＝江戸？

ところで私、フランス人に振り回されているだけではありません。ちゃんと「生活」も地道に続けているのである。

つまりは日の出とともに起き、ヨガをして、掃除と洗濯をして、買い物に行き……と、いつもと同じワンパターンな暮らしを来る日も来る日も律儀にこなしている。そう「日本でやっていることをリヨンでも」という当初の目標を頑なに守っているのだ。

というわけで、すっかり申し遅れたが、異国でも節電をし続けているのであった。豪華なニコラのマンションにはもちろんあらゆる電化製品がある。止むを得ず使わざるをえないもの（24時間自動空調のエアコン、お湯を飲むための電気湯沸かし器など）もあるが、しかし基本的には、電気代200円以下の、東京での「いつもの生活」を通しているのである。

例えば。

・洗濯は、日々洗面所で手洗い
・ブラシで掃除
・テレビは見ない

念のためですが、別に自慢をしているわけじゃありません。これがいつものペースなので、今やこのほうがラクなのだ。習慣というものは恐ろしい。

いや本当に正直なところを言えば、洗濯機は使おうかなとチラリと考えた。だって洗濯（手洗い）とはなかなかに奥の深い家事なのである。言い換えれば未だに「うまくできない」ことが多い。下着などはどうということはないのだが問題は大物だ。チノパンなどはどうしても洗いムラができる。そして何より「絞る」のが大変なのだ。なのでアパートの立派な洗濯機を見た時、そうだこの機会にチノパン、電気様の力でガシガシ洗っちゃうか！　と思わないわけじゃなかった。ところがいざ使ってみようと改めて洗濯機を見てみたら、スイッチ類の表示がすべてフランス語であった。なので使い方がさっぱりわからず、一瞬にして野望は砕けたのである。

なのでニコラがせっかく用意してくれたふかふかのバスタオルを使うこともなく（バスタオルを手で洗って絞るなんて考えたくもないほどの難事業）、結局はフェイスタオル一つを毎日洗って使い回すという、東京そのままの生活をすることになったのであった。

それはさておき。ここからが本題である。

自分でも「ほお～」と思ったのは、冷蔵庫を使わなかったことだ。

いやこれも、実を言うとやはり最初は「使っちゃおうかな～」と思ったのである。何しろアパートの立派な赤い大型冷蔵庫は、私が使おうが使うまいが24時間稼働し続けている。なので、マルシェで買いすぎた野菜や、残ったバター、チーズなどは、心置きなく冷蔵庫に保管してもよかったのだ。

実際、やろうとした。冷蔵庫を開け、マルシェで買ってきたばかりの山盛りのサラダ野菜やマッシュルームやバターを入れようとした。だが一瞬考えて、結局何も入れずに、そのまま扉をパタンと閉めたのである。

だって保存が必要になれば、干すか、漬物にすればよい。幸いフランスは空気が乾燥しているので「干し環境」はバッチリである。干せば味も栄養も濃くなり調理時間も短くなるし、日本から持参した「おから床」（120ページ参照）に漬ければ漬物ができあがる。つまり、いずれも単なる保存以上のメリットがもれなくついてくる。となればこれが最も合理的だった。冷蔵庫の出番は1ミリもなかった。

でも肉や魚やチーズはどうするの？　という声が聞こえてきそうである。

これが今回の旅で非常に感心したところだったのだが、当地ではそのような心配は全く不要だったのだ。

なぜなら、ノー冷蔵庫ライフの基本は何よりもまず「その日に食べるものはその日に買う」ことなのだが、マルシェでは基本、すべてが量り売りなので、まさに「その日に食べる分だけ」買うことができるのだ。

肉一切れ、ハム一切れ、チーズ一切れで買える。だからハムが食べたいなーと思ったら、お肉屋さんのショーケースにデンと鎮座しているハムのでかいカタマリを指差して「アン・トランシュ（一切れ）」といえば、お店の人はうんと頷き、巨大なハムをスライサーによいしょとのっけてシュッと1枚カットして、くるくると紙に包んでハイどうぞと渡してくれる。「なんだよぉ〜一切れしか買わないのかよ〜」などと嫌な顔をされることなど全くない。というわけで、それをありがたく持って帰ってその日のメーンのおかずにすればよいのである。チーズも手で「このくらい」と厚さを指示すれば、大きな包丁でちょこっと切り分けてくれる。

野菜も同様である。ジャガイモも玉ねぎもトマトも好きな個数だけ取ってお店の人に手渡すと、それぞれを量って値段を計算してくれる（最初はそれを知らなかったので大量のレタスに悩まされることになった）。人参1本、ジャガイモ1個から買えるのである。

ついでに言えば、チーズはそもそも発酵食品なので、神経質に冷蔵庫に入れる必要などない。フレッシュな柔らかいものはその日のうちに食べていたが、じっくりカチカチに長期熟成したものはおそらく常温で何年も持つんじゃないだろうか？　バターは不安ではあったが、２週間外に出していたが全くどうということもなかった。後からネットで調べたら、ヨーロッパでは風味を損なわないようにするため、バターは常温保存が常識だそうである。

 やや話がそれたが、何が言いたいのかというと、フランスでも冷蔵庫がなくても大丈夫だったどころか、むしろフランスのほうが「ノー冷蔵庫ライフ」に適した国だったのである。

毎日マルシェに行って、新鮮なものを必要なだけ買い、その日のうちに食べる。以上。実に単純。冷蔵庫はもちろん、保存のための添加物も、余分なパック包装も必要ない。ついでにフードロスもない。

それだけじゃない。

毎日マルシェに行けば、毎日店の人と顔を合わせて話をすることになる。何せ対面販売の量り売りですからね！　黙って買うことなんてできやしない。つまり買い物をするだけで自動的に人とつながりができるのだ。それは日本のスーパーとは全然ちがう大きなオプションである。マルシェではおじいさんやおばあさんが買い物を楽しんでいるのがやたら目につくんだが、ああ私には彼らの気持ちがよくわかります。年をとると社会のお荷物になったかのような気持ちになる。自分ってものに自信が持てなくなる。そんな時、日々の買い物で、馴染みの店主がいつもの笑顔で「あらマダムこんにちは！　ご機嫌いかがですか。で、今日は何にします？」と言ってくれることが確実に人を救うのだ……あ、そうか！　だからマルシェで買い物をするお年寄りの会話は長いんだ！　ああでもないこうでもない、あれにしようかこれにしようか、そういえばこの前買ったあれは……なんて尽きせぬおしゃべりに、お店の人も実にニッコリ付き合っている。おそらく何十年来の常連なのであろう。まさしく準家族である。ああこんな街に住んでいたらマジで冷蔵庫なんて全くいらないどころか、ヨボヨボになってもなんだか楽しく暮らしていけそうだよ〜と考えていて、ハッと気づいたのであった。

これって、冷蔵庫がない時代のやり方なんじゃ……？

つまり、日本でも江戸時代はこんな感じで、客と店主が一対一で向き合い、必要な分だけ量って売ることが当たり前だったに違いない。だから江戸っ子はおしゃべりで、もう1日中そこらでダラダラだべっていたのであった。でも日本では社会がどんどん「発達」し、人々は個別のコミュニケーションを避けてパッケージされた大メーカーの品をスーパーで黙ってまとめ買いするようになり、今や「米屋さん」「魚屋さん」など「○○屋さん」と言われるような対面販売の小売店は息の根が止まる寸前である。

ところがなぜか当地リヨンでは、このような昔ながらの売り方、買い方が、そして昔ながらの小売店が、廃る気配もなく延々と残っている。

つまりは、ここには「江戸」が冷凍保存されていたのであった。

そう、ここは一体どこなんだ？　いやもちろん、リヨンである。フランスである。クロワ・ルースの丘である。ついでに言えば世界遺産でもあるらしい。しかし……その実態は、まさかの江戸⁈

考えてみれば、これってものすごく不思議である。

だって江戸末期の日本人は、すごい労力をかけてはるばるヨーロッパへやって来て、その「進んだ文化」に大いなる刺激を受け、文明開化への道をひた走り始めたのだ。

以後、我が民族は総力を挙げて、便利で効率の良い豊かな社会を築き上げてきた。小さなもの、無駄なものはどんどん淘汰され、気づけばアマゾンの機械に向かって「トイレットペーパー」とつぶやけばどこぞの誰かが配達してくれるという、魔法のごとき超便利社会である。もはや小売店どころかスーパーへ行くことすら「面倒臭い」と認定されているのだ。

ところが今改めてこうしてヨーロッパへ来てみると、ここはまさかの江戸時代のまま（たぶん）なのであった。我々はいつの間にか彼らを猛スピードで追い越し、はるか先の、ものすごい地点までたどり着いてしまったのである。で、その間、彼らはずっと「足踏み」していたのだ。いやいやキイテナイヨ～！　と言いたくなってくる。不思議である。ナゾである。

しかしそのナゾの選択が、今となってはどうにも羨ましく見えるのであった。

超便利社会を生きる我々は、気づけば孤独の只中にいる。いつの間にやら頼るものはお金しかないのだ。稼げなくなったらどうにもならない。ああ思えば「前近代」にはご近所づきあいというものがあった！　無駄な会話というものがあった！　効率を超えた義理人情と身内意識みたいなものがあった！　すべては我々がうざったいものとして綺麗さっぱり捨て去ったものたちである。で、そんなものは過去のノスタルジーに過ぎないと思っていたら……。

現実にまだ存在していたのである。しかもここリヨンに！　我々がかつて「近代」として憧れまくったその場所に！

うーん……一体なぜなのか……。


それはさておき。ここからが本当の本題である。

ふと考えてみれば「リヨン＝江戸説」なんてそもそも聞いたことがない。つまりですね、これは私の目を通して勝手に認定した世界なのである。

で、どうして私がこんな認定をしたかといえば、私は普段から、いつだって江戸を探しているからだ。なぜならば、会社を辞めて、少ないモノとエネルギーで楽しく生きていく指針として江戸メソッド（「お互い様」の精神で人生の荒波を乗り切っていくやり方）を参考にするしかなかったからだ。するとなんと、目を凝らせば現代の東京にも江戸はちゃんと点在していたのであった。お節介な豆腐屋のオトーサンがいる。おしゃべりな銭湯のおばちゃんたちがいる。老若男女の溜まり場となってカフェもある。そんな中で私は一人勝手に江戸のライフスタイルを実践し、その生活を頑固にリヨンに持って来た。だからこそリヨンに江戸を見たのである。

つまりは何を言いたいのかというと、人とはいつどこにいても探しているものを見つけるのではないだろうか。一見「ない」と思われているところにも、探せば案外と「ある」のである。会社を辞めて「近所に江戸があった!」と、喜んで生活してきたわけなんだが、実はそれは近所だけじゃなかったのだ。このおフランスにも江戸があったのである。

となればですよ。

もしかして、世界のどこにでも江戸は存在するんじゃないだろうか?

……なるほどそういうことか。

江戸さえ見つけることができたなら、そこは私の「ご近所」になりうるのだ。つまり、自分が自分の生活において探しているものさえわかっていれば、世界は我がご近所と化すのである。

ということはですね、旅って、ご近所を広げていく作業？

………

《今日の小ネタ》

◎昨日世話になった隣の隣のブラッスリーにも通いたくなったので、今日から「朝カフェ修行」の方針を変え、2軒のはしごにする。ブラッスリーではやっぱりあのニコニコガールがいて、おかげでリラックスして窓側の席で原稿を書いておりましたら、通りかかった子供がガラス越しに私のパソコンの画面を覗き込んできたので、手を振ったらニッコリしてくださいまして、嬉しくなる。ああ子供と老人に支えられる日々。

◎しかし2軒目の例のカフェでは今日もクールなギャルソンにクールな対応をされて伝票をもらい凹む。

◎今日は週に一度のマルシェが開かれない日。マルシェがないと心の灯が消えたよう。することがないので、散歩がてら坂を下りて、目をつけていた繁華街のビオスーパーへ。でも買いたいものがない。やっぱりスーパーってつまらないなと思いながら出て行こうとして、ふと思いつき、使わなかったお金を入り口に陣取っていた物乞いの女性にあげると無表情にメルシーと言われた。ああ人に喜んでもらうことって本当に難しいですね……。

◎マルシェが休みだと他の小売店も休む。ワイン屋も休み。なのでスーパーでワインを買おうかと思ったが、そうすると明日ワイン屋に行けなくなるので炭酸水を買う。安いものを買いすぎないという例の「マルシェ必勝法」に従い、ペリエではなく最高級のサンペレグリノを手に意気揚々とレジへ持って行くがレジのお姉さんにはにこりともされず。そりゃそうだわな。スーパーだし。水しか買ってないし。

12日目（火曜日）
階下の住人

滞在中のアパートの部屋は古い建物の3階。すぐ下の2階には70歳の大学教授が住んでいるということは、アパートに到着してすぐ、家主のニコラから伺っておりました。

その際、「以前、ドアを乱暴に開け閉めする人がいて近所から苦情が来たので、静かに閉めてね」と注意されていたこともあり、教授のことは常に頭にありました。教授が苦情の主かどうかはわからないけれど、いずれにせよ民泊を利用するということは、人様の平穏な暮らしの中に異邦人が紛れ込んでいくということ。たとえ2週間とはいえ「ご近所さん」なのだから、嫌われたりトラブルを起こしたりしてしまっては、せっかくの異国ライフも暗いものになってしまいます。

というわけで、ドアの開け閉めには本当に毎回精一杯気をつかい、「そーっと、そーっと……」と心の中で唱えながら行っておりました。だって70歳の大学教授といえば、いかにもプライドが高くて神経質そうな感じじゃあないですか。これは気をつけねば……と警戒せざるをえない。

とはいえ。それは案外嫌なことでも面倒なことでもなんでもなかったのです。むしろ、ドアをそーっと閉めるたびに、階下で小難しい顔をしてエッヘンと暮らしている厳格なオジイサンの姿を勝手に想像し、親しみすら覚えるようになっていた（笑）。なんせ孤独な異国暮らし。たとえそれがどんなにややこしい相手でも、誰かとかかわりができるってことはそれだけで貴重な財産であります。

ところがその70歳教授、なんかファンキーな感じなんじゃ……？　ということが次第にわかってきた。

ある夜、なんか遅くまで下の部屋でワイワイガヤガヤやってるなーと思ったら、翌朝、ドアの外にワインやらシャンパンやらの瓶が20本くらいゴロゴロとカゴに入れて置いてあった。なるほどパーティーだったんだな。しかし……どんだけ飲んだんだ！

それにしても教授、なかなかの人気者じゃねーか……。

そのうち、実際に廊下や階段で顔を合わせるようになりました。想像とは全然違い、小柄で、いつもニコニコしていて、そしていつもこざっぱりとしたカジュアルなおしゃれをしていて、すれ違うたびに「ボンジュール」「サバ?」と、ゆっくりとしたフランス語で上品に挨拶してくださる優しい方でありました。あれこれ失敗続きの毎日の中でその優しさが本当にありがたく、拙いフランス語と精一杯の笑顔で「ボンジュールムッシュー」「サバビアン!」などと元気に答えておりました。

そうなんです。私にも「お隣さん」ができたのです。

で、今日もマルシェから帰ってきたところで廊下でばったり出会いまして、いつものようにコンニチハと挨拶したら、教授、「あ、ちょっと待ってね」と慌ててご自分の部屋に入っていかれまして、ハテ何ごとかと思ったら、「はい、これプレゼント」と、小さなチョコレートの包みを差し出してくださったのです。

あまりの予期せぬご親切に驚愕し、何をどう言っていいのやら混乱し、バカみたいにメルシーを繰り返していると、あなた英語は話しますかと聞かれ、はい少しだけ……と答えると、どこから来たんですか? リヨンはどう? と英語でニコニコと質問されたので、いやとても美しい場所だし皆さん親切だし……と一生懸命答えていると、いやね、実は、あなたのその靴の音が下まで響くんですとおっしゃるじゃありませんか！

いやいやこのご親切は、まさかの苦情の前振りだったのか？　あれほど気をつけていたつもりだったのに、それでもまだ不十分だったのです。っていうか、ドアの開け閉めにばかり気を取られて、まさか室内での足音が下まで響いているとは想像もしていなかった。ああまさに私、日本じゃさんざん社会問題になっている「マナーの悪い民泊利用のガイジン」じゃないの！

……ということでにわかに緊張し、そして申し訳なく、いやそれは本当にごめんなさい、今後は気をつけますと慌てて頭を下げると、教授、ノンノンノンノンと首を強く振るのです。

いや全然気にしないで、あなたのせいじゃなくて、この建物は床がすごく薄いからしょうがないんですと。で、文句を言いたいわけじゃなくて、あなたの靴の音であなたが部屋にいるんだってことがわかるので、ずっとプレゼントをあげようと思っていたんですよと。

さらにはドアを開けて素晴らしい白を基調としたインテリアのお部屋を見せてくださいまして、もし誰かと1杯ワインでも飲みたいなと思ったらどうぞいつでもいらっしゃいとまでおっしゃるのでありました。

いやいやなんということでしょう。異国でのこのご厚情、実に身にしみました。しかしそこまで親切にされると、あまりの想定外のことにシャイな日本人としては戸惑ったのも事実です。いくら無謀な私とはいえ、実際に教授のお部屋へお邪魔してワインを飲む勇気はなかったのでした。だいたい何を話していいのやらわからないし。数日前、動物園でフランス人に「結婚しよう!」と迫られて慌てて帰ってきた記憶も蘇ったりして……いやー、親切を受け取るというのも簡単じゃありません。

しかしよく考えてみると、この教授、このような「親切」を旅人に施すのは私が初めてではないに違いないということに気づいたのです。

自分の家の上階が「民泊」として旅人に貸し出されているということは当然ご存知

なんだと思います。で、入れ替わり立ち替わりやってくる旅人の存在を、教授はこれまでも、旅人たちの「騒音」を通じて認識していたに違いない。で、いつも新たな人が訪れるたびに、ああまた「旅のお人」がどこからか来たんだなと好奇心を抱き、できれば何かかかわりを持ちたいと、そのたびに考えてこられたのではないでしょうか?

そう思うと、一人暮らしの教授の孤独が身にしみました。もちろんパーティーを開いたりおしゃれして出かけたりしているのだから、どう考えても交友関係は広いほうなのだと思います。しかしそうであっても、人とはやはりどこかで本質的に寂しさを抱えて生きているもの。老いの孤独というものもあるかもしれない。でもだからこそ、教授は一生懸命誰かとつながろうとしているに違いありません。

そうか。孤独と親切は同義なのです。

人は孤独だからこそ、人に親切にしようとする。ああそれって今の孤独な私と同じです。とてもよくわかります。

教授ガンバレ！　私も頑張ります。

二度目の酒屋さん

もう一つの本日のトピックス。

例のパリ在住歴のある姉に、この前酒屋でワインを買ったよとメールで伝えたら、それはなかなか頑張ったねえと褒められ、「でもどうせなら、こんな料理と合わせたいんだけどって予算を伝えて相談すると、きっとすごく喜んで色々教えてくれるよ」と。

なるほどそうか！

確かに最初に訪問した時は、向こうから「どんな料理に合わせるのか」と聞かれてその接客ぶりに感心したわけだけど、考えてみれば、最初にこっちからそれを伝えればよかったんだ！　だって先方はそういうことが大得意な専門家なのであるからして、その得意分野に突っ込んでいけば「待ってました」と喜んでいただけるに違いない。

しかし、先日と同じ「パンとチーズと野菜」というのでは先方も選びがいがなかろう。うーん、いかにもフランス人が喜びそうな食材は……と頭を巡らせて、そうだ内臓だ！　と。

というのも、かねて姉貴に「フランスに行ったら内臓を食え」と言われていたのです。そもそもフランス人の肉愛はハンパないからね。しかも内臓というマニアックな部位となれば、きっとこの部位にはこのワイン、みたいなのがありそうじゃないですか！　しかも当地リヨンは内臓料理で有名だと聞いた覚えもあるし……いや全く、そこまでしてワイン屋のご主人にウケたいと頑張る自分が健気すぎて笑えてきますが、言葉ができないのにコミュニケーションを取ろうと思えば、できる事は何でもやらねばなりません！

で、まずはマルシェで頑張って内臓を買い、そこで表示されていた「フォア・ド・ボー」（子牛の肝臓）という単語を何度も脳内復習して、「たのもうー」という勢いでドアを開けて店内へ。

で、棚の前でウロウロしている私にご主人が「マダム今日は?」と声をかけてくださったので(まあ確かにアフロが二度も来たら覚えざるをえないだろう)、ここぞとばかりに「フォア・ド・ボー」と繰り返したんだが、ありゃ何度言っても通じない……しかしここで引いたらわざわざ内臓を手に入れたこれまでの苦労が水の泡です。必死のゼスチャーと怪しい英語を交えて懸命に説明すると、何が奏功したのかわからんが、突然ご主人、「オー、フワ! フワ・ドゥ・ブゥ!」だってさ。

しかし今思い返しても、どうやって「肝臓」ってことをジェスチャーで表現したのか全く思い出せません(笑)。

で、ご主人、嬉々として「それならコート・デュ・ローヌはちょっと重いんですよね」「内臓には軽いもののほうが合うんですよ」「予算はどれくらいですか」などと嬉しそうにトークを繰り出しながら、これがいいと思いますと一本選んでくださいました。

さらに、どこから来たんですか、学生さん? (なわけない……)、フランスを色々回っているんですか? などと、しばしフレンドリーな会話。

まあ途中ピンチはありましたが、何とか「プチ常連客」として関係を深めることができたように思います。

しかし内臓って苦いしワイルドだから「重いワイン」を合わせるのかと勝手に思っていたら全く逆だったんですね。聞いてみるもんです。

《今日の小ネタ》

◎午後、近所の「絹織物資料館」のガイドツアーに参加してきました。というのも、ここクロワ・ルースはかつて絹織物の一大産地で、当時の労働者住宅が今もたくさん残っており、まさに私の滞在しているアパートがその労働者住宅だったのです。でも実際にどんな機械でどんなふうに織っていたのかイメージできず、たまたま近所を散歩していてツアーの張り紙を発見したので思い切って参加することに。ところが。張り紙が英語表示だったので英語でも説明してくれるんだろうと勝手に想像していたら、ご主人は英語を全く解さないことが判明！　フランス語のシャワーを1時間にわたって浴び続ける羽目となり、ようやくその修行のような時間が終わってメルシーと言いお金を払おうとすると、おじさん「悪かったねえ。フランス語わからないんだよね」と受け取ってくれません。でも手動や電動の織り機が動くところも見られたし、何といっても我がアパートと同じ作りの部屋がこんなふうに使われていたことがわかって十分楽しかった！　ということを伝えたかったんだが、もちろん一ミリたりとも伝えることはできませんでした……。おじさん、そして浮いた東洋人の闖入《ちんにゅう》により多少気まずい雰囲気となったツアーにご一緒くださったフランス人の皆さま。誠にありがとうございました。

◎今日は拡大マルシェの日なので嬉しい。来たばかりの頃にタンポポ入りのサラダ野菜プレートを買った八百屋さんがまた来ていたので、同じ女の子から同じタンポポプレートを買うと、女の子はニヤリとして「はい！」と商品を渡してくれた。「ビバ・アフリカ」おばさんも発見。目があってニッコリ。「内臓屋さん」は初訪問だったけれど、グニグニモニョモニョした白やら黒やらの全く見たことのないものばかり売っていて面白かった。美人のお姉さんがそのモニョモニョを華麗な包丁さばきで（肉屋さんの包丁は切れるんだろうか？）切り分けていくのをうっとり眺めていると、お姉さんがチラリとこっちを見て、アフロいいわね！　その髪飾りもいいね！　と褒めてくださる……。ああマルシェ慣れた！　完全に慣れました！

コラム——フランス式マルシェ必勝法（中級編）

というわけで、当地へ舞い降りて苦節2週間弱、イナガキ、ほぼ完全にマルシェを制圧いたしました！（涙）

基本の心構えは「必勝法」に書いた通りですが、その後も現状に安住することなく一人着々とスキルアップを図ってまいりました。いやー、やればできる！言葉は全くできずとも、勝手がわからずとも、つまりは浮いた外人であってもできることが案外とあるのです。なのでその一つを皆さまにご披露させていただこうかと。

………

皆さんどうですか。これ何だかわかりますかね。

右から、フェンネルの根っこ、キクイモ、黒大根。マルシェで見かけて、珍し

いので思わず買いました……なーんてかっこよくさらりと書きましたが、当地に来て以来、ずっとこの「珍しいから買ってみる」ってことがうまくできなかったんですよね。

だって食材って、国が違えば似ているようで案外違う。それが自炊生活となると実にストレス。変なもの（食べられないもの）を買っちゃったらどうしようとビクついてしまうがゆえに、オドオドして力が入り、楽しく買い物ができない。

それがですね、振り返ってみれば何をそんなに怯えていたのかと。だって今や、こういう「見たことないもの」を積極的に買い込んではウッシッシと食べているのです。これが実に楽しい。

ハイ、順を追って説明しますね。そう、まずは「え、これって何？」っていうものを発見するところからすべてが始まるのであります。

例えば八百屋さんに行けば、人参だの玉ねぎだのジャガイモだの日本でも全くおなじみの野菜はたくさんある。あるんですが、そうであっても色が違ったり、大きさが違ったり、ビミョーに同じじゃない。

で、なんか違う！　これって何？　どんな味なのかな？

……と、興味を持つ。

ここがまず何よりも重要であります。なぜってそういう興味関心は、売っている相手にも必ず伝わるからです。で、自分の売っているものに興味関心を示してもらうことは、商売人はもう絶対に嬉しいのです。

なので堂々と、臆面もなく、言葉ができようができまいが、全身で興味関心を示す。それだけで相手とのコミュニケーションは半ば達成されたと言ってもいいくらいです。

しかし、ここで陥りがちなミスについて述べておかねばなりません。あ、あれってなんだろう？　見たことないけどどんな味なのかな？　ここまではオッケー。でも人は珍しいものを見た時に、つい「おそるおそる」遠巻きに見てしまいがちです。気持ちはわかります。だって、果たして美味しいのか、どうやって料理したらいいのか、すなわち買っていいものかどうか、判断がつかないもんね。それなのに興味を示していることがバレて、先方から何か話しかけられて、いつの間にか買わなきゃいけない羽目になったら大変……などと考えてしまうんですよね。

でもそのような態度では、商売人を喜ばせるどころか全く逆の結果になってしまいます。つまりあなたは「冷やかし」の客に転落する。買う気もないのにジロジロ眺めている。そんな客は、商売人の最も嫌うところであります。

なので、この転落を避けるためにすることは一つしかない。興味を持った以上は、何はともあれ買ってみる、という覚悟を持ってジロジロと眺めること。それだけであなたは「上客」へと変身するのです。いやなに、そんなに大した覚悟が必要なわけじゃありません。市場で売っている野菜です。数百円程度のことです。清水の舞台から飛び降りるわけじゃない。

で、そうして少しの勇気を出して数百円を払ったあなたのことを、お店の人は実に敬意を持って扱ってくれます。うんと頷いて、商品を丁寧に包み、こちらの目を見て再びうんと力強く頷き、にっこり「はい」と渡してくれる。「頑張れよ」という感じでしょうか。その「心の声援」(妄想)を背に、意気揚々と台所へ向かう。

さて。

そうして持ち帰った見たことないものを取り出す。眺める。匂いを嗅ぐ。ウッ。なんかキッツイ香りやなあ。ちょっとかじってみる。うわっ！　かったい！……。イヤイヤ大丈夫だから。市場で売ってるんですから、食べ物なんです。食べられないわけはない。

私の攻略法は、味見しながら調理法を変えていくこと。まず生で食べてみて、それが無理だったら焼いてみて、さらに無理だったら水を足してグツグツ煮込む。そのどこかの時点で必ず「オイシイ」瞬間がやってきます。その時の「うわっいけるやん」っていう達成感と言ったら！　だって私、一見平凡な一市民ではありますが、今この瞬間、未知なるものに一人立ち向かい、決して逃げることなく、自分の頭と感性を駆使して征服に成功したのであります。これを物語と言わずして何と言いましょう。

まあ冷静に考えたら、ただ買い物に行って、料理して食べたってそれだけなんですけどね。それが海外に来たというただそれだけで、そこそこの冒険と化すわけです。だって市場の人とコミュニケーションも取れて、珍しいものに接して、調理という闘いを乗り越えて、最後は「食べる」という人生における間違いのない楽しみが待っている。誰も邪魔することができない一人ディズニーランドであります。

で、ちょっと思ったんですけど。

夏目漱石は、ロンドンに留学してウツになったそうですが。もし漱石が自炊してたらそうはならなかったんじゃないだろうか……？

自炊恐るべし!!

13日目（水曜日）まさかの予約ミス

信じられないことが判明した。

朝いつものようにカフェをハシゴしてマルシェに行って昼前に帰宅して、もうすぐ出発だから念のためと思いエアビーの予約を確認したところ、なんとアパートの予約が1日足りなかったことが発覚！

つまりは明日いっぱい滞在して、明後日の朝出発する計画だったのだが、なんと！明日チェックアウトすることになってるじゃないか……。

がーん……。

いや、ここまでくると自分で自分が全く信用できません。薄々そうじゃないかとは思ってたが……ボケてるのか？　年齢のせい……？　いやモウそんなこと考察している場合じゃない。慌ててニコラにメッセージを送り、1日滞在を伸ばすことは可能でしょうかとお伺いを立ててみる。昼食を食べて1時間ほど待機。でも返事が来ない。気が気ではなく、しかしリヨンにしてはあまりにも素晴らしい晴天だったので一旦外出して近所の見晴らしの良いカフェへ行き、深呼吸をしながら『徒然草』を読んで気持ちを落ち着けて、帰宅するとニコラから返事が来ていた。

あなたのリクエストに応えることは簡単ではない、とあった。実は明後日にカップルが来ることになっている。なので明日あなたが出た後

で掃除の人に来てもらうつもりだったのです、と。

なるほど。悪いニュース。

しかしその後で、ニコラはこう書いていた。「でも、あなたのために何とかやってみます。電話をいくつかかけて、できるだけ早く返事します」と。

良いニュース!!

何よりも、こんなギリギリになって予約延長を申し出るというスットコドッコイに対し、普通なら「何言ってるんだ今頃！」と呆れ、そんな無茶なリクエストは即刻却下するところであろう（私ならそうする）。それなのに、本来やらなくてもいい手間と時間を使って「何とかやってみる」というニコラのホスト精神が本当にありがたく、頭が下がった。

ところが。待てど暮らせどニコラからの返事が来ない。交渉ごとだから思うように進まないのだろうか。焦ってもラチがあかないと自分に言い聞かせ、何はともあれ明日部屋を引き払う可能性を想定して荷造りに取り掛かる。だがあらかた荷造りを終え、夕飯を食べて皿を洗い、シャワーを浴び、本を読み、縫い物にまで手を出して懸命に時間を潰したがそれでも返事はなく、気づけばソファーで寝落ち……。ハッと目が覚めたら夜中の1時。

あわてて携帯を見たらニコラから返事が！

「何とかなりました。大丈夫です。もう1日泊まってください」

「私、今日の午後は本当に頑張りました。あなたがとても親切だったので何とかしようという気持ちになりました」

あああよかった〜！　とホッとしている場合じゃなかった。よく読むと、掃除の人に来てもらう時間を決めなければならないので出発時間をできるだけ早く教えてくださいとある。急いで返信。寝落ちしたことを謝罪し、出発時間を伝え、そしてもちろん、本当に本当にありがとう!!　と、できうる限りの英語でお伝えしたつもりである。

……いやね、エアビーってこういうやりとりを全部英語でやらなきゃならんのよ。苦節2週間、文法はめちゃくちゃでも何かを伝えようと頑張ることが大事と自分に言い聞かせて必死に拙すぎる英作文にトライし続けてまいりました。おかげで実に鍛えられた。とはいえ、こういう時は我がめちゃくちゃな英語が実にもどかしい。私のマックスの感謝の気持ちはちゃんと伝わったんだろうか？

それはさておき、ニコラが「あなたがとても親切だったので……」と書いていたことには心底驚いた。

だって現実は、こちらが一方的に親切にしてもらうばかりだったのだ。変換器が買えそうな大きな電器屋を教えてとか、Wi-Fiをどうにかしてくれーとか、リクエストばかりしていた。多少身に覚えがあるとすれば、何かを教えてもらった時はすかさず「本当に助かりました！」「ご親切にありがとうございます」と返事を送っていたことと、Wi-Fiが切れた時、焦りのあまり「早く何とかして！」という怒りのメッセージを送りつけようとしてフトそれは良くないと思い直し、「あなたのおかげでとっても素晴らしいリヨン生活を送ってます。本当にありがとう！　ところで一つ問題が……」という「常識的」なメッセージを送ったことぐらいである。

いずれも全然「親切」というほどのことではないと思うけれど、少なくともあれを書いておいて本当に良かった……。

そうなのだ。まさにエアビーとはそのような仕組みなのである。ホストとの1対1のやりとりを通じて互いの信頼関係を築けるかどうかがすべてを決するのだ。

いずれにせよ本当にありがたく、そして頭が下がった。こんな時間まで私のために努力してくれたニコラ。さらには、なぜか料金のディスカウントまでしてくれたのである。1日で2組分稼げるからということかもしれないが、それにしても、手間と苦労を考えれば追加料金を取って然るべきところではないだろうか。

そう、今回エアビーを利用してみて痛感したのは、エアビーのホストとは全然「おいしい商売」なんかじゃないということである。旅行者からいつ緊急の（あるいはドウデモイイ）メッセージが入るかわからないし、それに気づかなかったり迅速に返信しなかったりすると、たちまちネット上の評価が下がってしまうに違いない。宿泊費はそれなりに取るとはいえ、短期の貸し出しとなれば稼働率も限界があるだろうし、宿泊人が入れ替わるたびにプロのクリーニングも入れなきゃいけないし、宿泊費のうちいくらかはエアビーに持っていかれるんだろうし、Wi-Fi 契約もしなきゃいけないし……等々、コストとベネフィットを考えたら、労多くして儲けは大してないとしか思えない。それに世界のどんなヤカラがやってくるかもわからない。乱暴に家を使ったり、近所に迷惑をかけたりする人だって当然いるだろうと思う。そういうリスクを加味すると、やっぱりなかなかに大変な商売だなと思うのです。

それを承知で、どうしてニコラは民泊をやろうという気になったのだろう。

一つ言えることは、目的は「お金」だけじゃないってことだ。

今回の滞在で感心したのは、トラブル対応はもちろん、あらゆる面でのニコラの「おもてなし」の心である。台所には調味料も鍋も包丁もお茶もコーヒーもお皿も十分すぎるほどのものが用意されていて、サービスでワインとスナックとミネラルウォーターとヨーグルトとミルクまで置いてあった。並のホテルよりずっと充実した至れり尽くせりぶり。

それだけじゃない。アパートの本棚にはクロワ・ルースやリヨンに関するガイドブックや地図やパンフレットや写真集や歴史や自然の紹介本などが本当にたくさん並んでいて、さらにはニコラが「ここがオススメ！」という徒歩5分以内のレストランと、近くのスーパーの手書きのリストも用意してくれていた。

なるほどこれが民泊なのだ。つまり、世界中の住民が「旅行代理店」になることができるのだ。その地区を知り尽くしている人が、旅人にその良さを目一杯アピールし、とっておきのベストアドレスを伝える。これほど強い、そして熱い思いにあふれた代理店があるだろうか？

個人旅行はこれまで何度かしてきたけれど、いつも頼りにしたのは『地球の歩き方』だった。細かい情報が充実していると思っていたからだ。でも今回初めて『歩き方』を買わなかった。本屋で中身をチェックしたら、そもそもリヨンの情報が2ページしかない。ネットで調べたほうがマシだと思った。で、実際にネットのほうがずっとくわしい情報が載っていた。

でもここへ来てみたら、ネットの情報も全く色あせて見えた。もちろんいくつかは役に立ったけれど、やっぱりどれも「ざっくりした観光情報」でしかない。ニコラが教えてくれたオススメのレストランなどのコアな情報に比べたらゼロに等しい。しかもニコラは、こちらが欲しい情報にもオーダーメードで答えてくれるのだ。これってまさに、「地元のナントカさんが教える穴場」みたいな、雑誌やネットのサイトが泣いて喜びそうな情報ばっかりじゃないですか！

いやー、民泊って単にホテルより安い値段で宿が取れる便利なシステムくらいにしか認識していなかったんだが、全然そんな話じゃなかったんだ！

この世界の片隅に、自分の住む場所を愛し、その素晴らしさを人に伝えたいと思っている人がいる。そして、また別の片隅に、この世界のどこかに自分のフィットする場所を求めている人がいる。

その双方が、インターネットの存在により、膨大なデータの中で奇跡のお見合いを果たし、結合することができるのである。これはもはや革命ともいうべきものなのではないでしょうか。

……そうか。ここまで考えて、どうしてニコラが「あなたがとても親切だったので」と言ってくれたのか、ちょっとわかった気がしたのです。

人はいろんな思いを持って生きている。そしてその思いが伝わった時幸せを感じるのだ。だからニコラは私が「あなたのおかげでリヨンの生活をとても楽しんでいます」とメッセージを送ったことが嬉しかったんじゃないだろうか？

だとすれば、私にもまだこの地でやれることがあるかもしれない。

ベッドに潜り込み、明日のことを考えた。できることはすべて済まして出て行こうと思った。明日というクロワ・ルース最後の日をプレゼントしてくれたニコラのためにも。

《今日の小ネタ》

◎朝カフェ修行。隣の隣のブラッスリーでは例のニコニコガールではなく、昨日から登場したパンク風な化粧の濃い無愛想な女の子が当番。昨日は全くにこりともしてくれなかったけれど、今日は私の顔（頭？）を覚えていてくれて、ちょっとだけニコッとして「ボンジュールマダム？」と言ってくれた。きゃっ。

◎リヨン暮らしも残すところあと1日。なのでマルシェではあれも買いたい食べたい気持ちをグッとこらえ、でもこれは日本ではなかなか食べられないと、可愛らしい箱入りのフランボワーズ（1・5ユーロ）を買って大人食い。で、ふとこれはどこかで食べた味だと……。あ、あれだ！　高野山へ向かう山道で空腹のあまりそのへんになってるやつをむしって食べたヘビイチゴ！　案外世界は狭い。

◎フランスの好きになれないところ（その2）

空気が乾燥しすぎ！　お肌ガッサガサなのは持参したゴマ油のマッサージで対抗したが、爪まで割れてきて、割れ方が半端ないので近くの薬局へ爪ヤスリを買いに行く。無駄にいっぱい入ったパッケージしかなく、5年ほど持ちこたえられそうな爪ヤスリ長者となる。

14日目（木曜日）やり残したこと

朝起きると、結構な雨である。

今日がリヨン最終日だ。

振り返ればあっという間の2週間だった。右も左もわからず夜のタクシーでこのクロワ・ルースに降り立った初日の夜を思い出す。あれから言葉も習慣もわからずマゴマゴしながら地味に苦労を重ね、不安を友にどうにかして当地の方々に受け入れていただこうと必死に頭をひねり、そしてガタガタしながらも少しずつ歯車が嚙み合い始めたのであった。そしてようやく、なんとなく居心地が良くなってきたところである。で、その時にはもう終わりかあ……。

残念である。

でも同時に、何だかホッとしている自分もいた。

いやなんと言いますか、「終わりが見えている」ということは実にさっぱりと爽やかなことでもある。もう明日はないのだ。泣いても笑っても今日でおしまい。となれば、今日やるべきことは実に明白であった。

昨日の夜からずっと考えてきたことだ。

出発にあたって心残りなく準備すること。すなわち世話になった人に挨拶し、部屋を来た時の状態にきちんと整えて、悔いなく飛び立つこと。

もちろん朝は、いつものカフェ2軒へ最後の挨拶（といってもただ店に行くだけなんだが……）。目的がハッキリしていると気後れもない。1軒目のブラッスリーには例のニコニコガールはいなくて、一昨日から登場したのは無愛想なパンク女子。なかなか注文取りに来てくれない……と思っていたら、なんと何も言わないのに昨日頼んだコーヒーをドンと持ってきてくれた。思わず目が合い、お互いにんまりと笑う。嬉しい。

で、2軒目の例のカフェ。ああここは本当に多くを学んだ私の修行場だった。今日は髪の長いイケメン男子がウエイターで、例の女の子は中でコーヒー作りである。イケメンが普通に愛想よくオーダーを取りに来てくれて、プティ・クレムを頼むと、普通に伝票つきで品物を持ってくる……あこの店で私を「常連」と認めてくれたのは、結局はあの女の子だけだったなあ。でもそれも仕方がないことだ。私もできることは一生懸命やったもん。何よりも、この店の濃い雰囲気を見ることができただけでも本当に刺激を受けたのだ。色々とありがとうございました。で、最後お金を払いに行ったらその女子が会計をしてくれて、別れ際にニッとしてくれる。さようなら。もう二度と会えないかもしれないけど、あなたさまの接客に私は本当に勇気をもらっていたのでした。人はどこで人に勇気を与えているかわからない。

そして最後のマルシェ。

すべてを食べつくして出て行かねばならないので、買えるものはほんのちょっと。サラダ野菜をひとつかみとハムを買う。そして、忘れちゃいけない「お花」。階下の教授に差し上げようと思ったのだ。あんなに優しくしてくれたのに、そして私に「かかわろう」としてくださった貴重な人だったのに、どうしていいのかわからず結局その後お会いすることもなくこの日が来てしまった。マルシェにはミモザおじさんも水仙おじさんもいなくて普通のお花屋さんで買うしかなかったけれど、並んでいる中で一番オシャレだと思った紫の大きなツボミの花束を買う。咲いたらどんな感じなんだろう？　6ユーロ。花屋さんの花はまあまあ高いね。でも束ねた花のボリュームといい長さといい、さすがの完成された美しさである。

昼食後、例の「変換器」を借りた女性が勤めているラーメン屋さんへ行く。グーグルマップにお店の名前を入れると日本語で道案内され、素朴に驚く。

ほぼ毎日のように上り下りした例の散歩道を下って行く。

ああこの道にも本当にお世話になった。運動にもなったし、気分転換にもなったし、行き交う人や店を観察していると、それだけで街とかかわれた気になった。で、最終日の今頃になって、ウインドーに小物や布ものが飾られているお店では、奥を覗くとオーナーがミシンで何かをせっせと作っているということに気づく。なるほど作る人が売る人なのね。あの絵葉書を買った店だけじゃなかったんだ。バイオリン工房もあった。奥で職人がバイオリンを作っているんだよ。落ち着いてくると見えていなかったものが見えてくる。それが最終日だったりする。

ラーメン屋さんに到着すると、たくさんの日本人が一生懸命夜の仕込みをしていた。なんかそこだけ日本だった。みんな頑張っているんだなあ。彼女は不在だったので、本人に渡してほしいとお願いして変換器とささやかなお礼のチョコを入れた包みを渡す。このご恩は一生忘れません。本当にありがとうございました。


帰りがけ、坂の途中に建つブックカフェに寄る。ここは二度目の訪問。「ルイボスティー」と頼んだら、ちゃんと通じて嬉しかった。嬉しいことのハードルがこんなに低いってなかなかいいものだ。「4分待ってね」と言われたこともわかった。フランス語力アップってほどでもないが、人間いくつになっても、そして僅かではあっても、できなかったことができるようになるんだね!

そもそもここに入ってみようと思ったのは日本でも近所のブックカフェに通っているからで、帰国したら日本のカフェのマスターに「フランスのブックカフェってこんな感じでしたよ〜」と報告しようと思う。店のお兄さんは無口だけど親切で、いい意味でほったらかしで、シャイな日本人としてはここに来るとホッとした。例の近所のカフェとは違う、現代風カフェなのかな。もっと前から来ていれば日々通えたのにな。ここならパソコンを開いても大丈夫そうだ。もし次にリヨンに来ることがあればここで仕事をしよう。

そして散歩の締めくくりに、例のワイン屋さんへ。ニコラへのプレゼントワインを買うためだ。プレゼントは、最初にこの店で勇気を出して買ったコート・デュ・ローヌと決めていた。私にとっては思い出のワインだったから、世話になったニコラに贈るにはふさわしいと思ったのだ。

店に入るとおじいさんの先客があって随分と長く待ったけれど、ここでイライラしないのがリヨン暮らしのコツということがもうわかっているので深呼吸をしつつ一生懸命待っていたら、おばさんが入ってきて二人で待つことになって、おばさん、何かフランス語でベラベラと話しかけてくる。どうも、私はシャンパンを買いに来たのよ、でも時間がかかるからあなた先に選んでもらっていいからね……的なことを言われていたように思う。こういうふうに相手の言わんとしていることが何となくわかるようになってきた「気がする」のが我ながらすごい。で、ようやくおじいさんが長いおしゃべりを終えて帰っていく時、例によってすかさず「にっこり道を譲る作戦」を敢行したところ、狙い通りにっこりしてくれて、「その髪飾りすごくいいね！」と褒めてくれる。

いやほんと、このピンに一番助けられましたね。

で、ワインを買い、帰宅して、すべての食材を食べ尽くす。

最後のパン。バター。玄米リゾット。ハム。サラダ野菜。玉ねぎのスライス。チーズ。人参の千切りサラダ。これで台所は綺麗さっぱり空っぽだ。いやー実に気持ちがいい。それもこれも冷蔵庫を使わなかった成果である。「買いすぎる」ということがないからね。ついでに言えば実はゴミの削減にも取り組んできまして、捨てずに乾燥させた玉ねぎの皮とみかんの葉と皮をお茶にして飲む。これが、みかんの皮と葉っぱがものすごくいい仕事をしていて絶品！　機嫌よく最後まで飲み干して、ポットの中を空にする。

食器を洗い、すべてを元の棚に戻して、カトラリーと包丁も元の引き出しに戻す。

最後に台所のシンクや台や蛇口をピカピカに拭きあげる。拭き掃除に使った青い布もゴシゴシ洗い、広げて置いておく。
いい台所だったな。ありがとう。

シャワーを浴びて、使用したフェイスタオルと小さなタオルとバスマットをたたんで洗面所に置いておく。「これは使いましたよ」とわかるように。

それから最後の掃除。床をブラシで丁寧に掃く。

「お土産」なるものは一切買わなかったのだが、一つだけ持ち帰ろうと思ったのが、溜まりに溜まったマルシェの包み紙。これがさすがフランスで、可愛らしい野菜やブタや魚の絵が描かれていたり、あるいは何も描かれていなくても紙そのものが昔ながらのシンプルなやつだったりで、なかなかオシャレなのだ。そして何より、フランス語ができないせいで「袋は要りません」と言うタイミングが最後までつかめず、マルシェ通いのたびに無駄な包装紙を使わせたことが心残りだった。なのでせめて持ち帰って再利用しようと思ったのである。

だがこれが案外かさばって小さなスーツケースがパンパン。ちょっと考えて、夜の暇つぶしにせっせと手縫いで縫い上げた2枚のショールのうち1枚をニコラへのプレゼントにすることにした。喜んでもらえるかどうかはわからないが、このまま持って帰るより、そのほうがずっといいと思ったのだ。

それから、明日の出発時にニコラに残すメッセージ（ありがとう、本当にお世話になりました、机の上にプレゼントを置いておきます。気に入ってもらえるといいのですが）を英語で下書きし、それから教授に渡す花につけるメッセージカード（親切にしてもらって本当に嬉しかったです。ありがとう）を、ネットの辞書を引きながら頑張ってフランス語で書いた。

うん。これで今日できることはすべてやった。

寝床に入り、何だかこれまで経験したことのない、非常に爽やかな気持ちになっていることに気づく。

こんなふうに「店じまい」をして寝るっていうのはなかなかいいものだ。

人はいつも、明日は当たり前に来るはずだと思っている。でも確実に今日ですべて終わるのだとわかっている時、人は何をするのだろう？　私は今日、そんな局面に立ったのだ。で、全く思いがけないことに、「お世話になった人に感謝を伝えよう」と思ったのである。

自分でもびっくりだ。

はるばるやってきたリヨン、そして次回はいつ来るかもわからないリヨンの最終日。なのに私は、当地ならではのご馳走を食べたいわけでも、スペシャルなお土産を買いたいわけでも、見逃した名所へ行かねばと思ったわけでもなかったのである……まあつまりはあまりに人様に迷惑をかけすぎて、世話になりすぎて、お返しが追いつかなかったというだけのことなんだが。

しかし、それは思いのほか楽しい作業であった。

あ、もしかするとこれを「幸せ」というのかな？　だってよくよく考えてみたら、感謝を伝えたいと思う人がいるっていうことは、私、リヨンに「知り合い」ができたってことじゃないですか!!　我ながら無謀な計画だと思った当初の目標が、曲がりなりにも達成できたってこと……？

いやわかってます。「知り合い」ったってそれは先方から見ればただ「見たことある」っていう程度の関係で、当初夢見ていた「異国の人とコミュニケーションを取る」などというものよりはずっとずっと地味で、っていうかほとんど妄想で、だけどだけど、少なくとも最後に「ちゃんとお別れを伝えたい」と（一方的に）思える人に出会うことができたのだ。

寂しいけれど、寂しくない。そんな1日だった。
人生最後の日も、こんなふうにできたらいいのにね。

《今日の小ネタ》
◎フランスの好きになれないところ（その3）
シャワーしかない！
銭湯もない！

リラックスできないよー！
ああ東京のいつもの銭湯が恋しい！

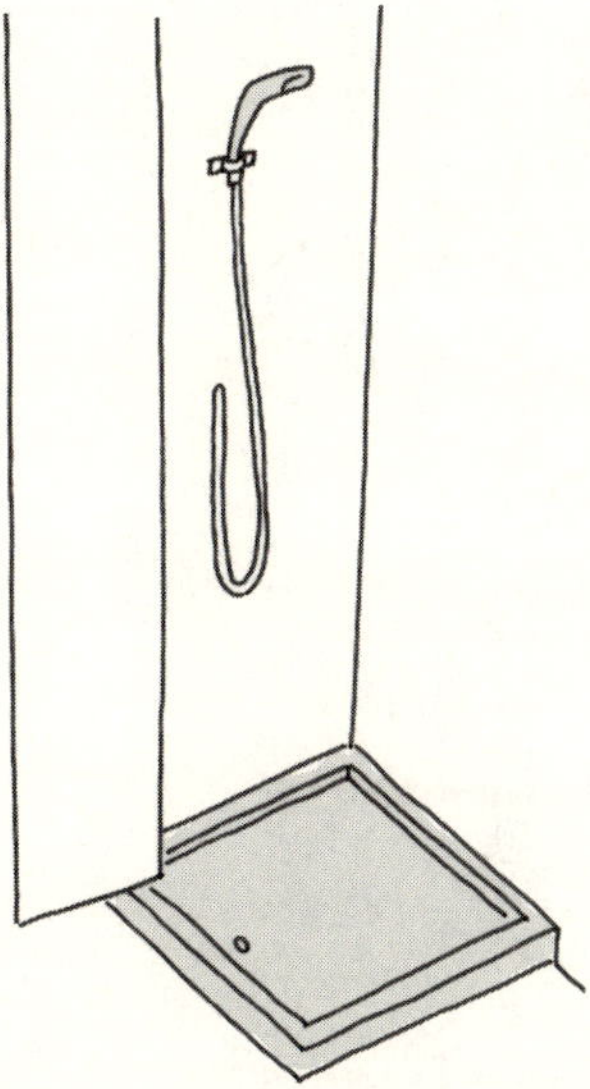

旅立ちの朝

今朝をもちまして、このクロワ・ルースのアパートを引きあげます。この2週間、毎日が私なりの精一杯の冒険でした。言葉も通じぬ中、何とかフランス人に溶け込もうと奮闘し、当然のごとく玉砕を繰り返し、喜んだり落ち込んだりをこれほど繰り返した日々は、アホみたいに滑稽ではありましたが振り返れば最高の思い出です。この歳になって一から恥を掻くことができた自分を誇りに思います……。

で、この一区切りにあたり、何よりも感謝したいのが、私の滞在していたアパートの持ち主であるニコラです。

初日は飛行機大幅遅れによる大遅刻にもかかわらず、大丈夫、心配しないでくださいと連絡をいただいたこと、一生忘れません。ようやくたどり着いた家は本当に暖かく、状態は何から何まで完璧で、着いたその日から自分の家のように過ごすことができました。

オススメのレストランや、必要なものを買える近所のスーパーの手書きのリストも用意してくださっていたこと、さらにはリヨンや当クロワ・ルース地区のガイドブックや地図、地区の歴史や自然を紹介した本、写真集などがたくさん置かれていたことにも感激しました。全部フランス語だったので全く読めませんでしたが……。でも少なくとも、その表紙や写真を見るだけで、長年ここに住んでいるニコラがいかにこの地域を愛し、誇りに思っているか、そしてこの地域の素晴らしさを少しでも旅人に知ってほしい、味わってほしいと思っているかが伝わってきました。

だから近所のお店で冷たくされて落ち込んでいる時も、いやここは本当は素晴らしいところなんだ、そのはずなんだ、大丈夫なんだと、何とか勇気を回復することができました。

トラブルに見舞われた時も、まずはニコラに相談すればいいと思うと落ち着きました。で、実際に連絡するとすぐに返事が返ってきて、励ましていただきました。

ニコラ、私の中ではもうほとんど田舎の親戚レベルです！

にしても、この「民泊」というシステムは本当に画期的！　だってこれって、世界の隅々に「旅のコンシェルジュ」がいるってことです。「わが町」を知り尽くしている地元の人が、それぞれの自慢のアドレスを、こちらの希望に応じて喜んで紹介してくれるのです。これからは、旅行代理店やガイドブックに頼って「皆が行きたい場所」に行く必要なんてない。「自分が行きたい場所」に行けるんだ。それが世界のどこであっても。

……あ、なるほど。

これって、まさに、あの……。

「どこでもドア」じゃないか!!

すごい時代になったなあ。

………

まだ暗い5時に起きて、
もう一度家の中を点検して
忘れ物がないか確認して
ベッドを綺麗に整えて
シャワーを浴びて
最後のお茶を飲んで
スーツケースの蓋を閉じて
ニコラにメッセージを送って
水につけていた花を袋に移して教授へのお礼のカードを入れて
鍵を部屋のテーブルの上に置いて
しつこいくらい忘れ物がないことを確認してスーツケースとカバンと花束を持って
かちゃりとオートロックのドアが閉まって
そーっと足音を立てずに階段を降りて

教授のドアノブに花束の袋をひっかけて
1階まで降りてドアを開けて外に出て
かちゃりとドアが閉まる。

さあ次の旅へ！

コラム――ニコラからの通信簿

さてこうしてニコラのアパートを元気よく出発した私ではあるが、まだ一つ、やり残したことがあった。

エアビーの「レビュー」への投稿である。

利用者が実際に宿泊した感想をあれこれ述べて公開し、それを他のユーザーが見て、宿泊先を決める参考にするアレです。食べログの口コミとか、アマゾンのレビューみたいなものですね。

ちなみに私、これまでそういうものに投稿した経験はゼロである。それどころか偏見のようなものを持っていた。だってなんかさ、一度や二度利用したぐらいで上から目線でいいとか悪いとか言いふらすのってどうなんだと。いったい何様なのかなどと思っていたわけです。

ところが。私は出発の数日前からすでに投稿する気満々でありました。いやホント何様だって話ですよね……。すみません。

でも散々世話になったお礼として、もしニコラに喜んでいただけることがあるならば、もうなんでもやりたかったのだ。

今にして思えば、私は誰かに喜んでもらうことに飢えていたのだと思う。何しろリヨンでは、人様に迷惑をかけることは多大である一方で、喜んでいただくチャンスは本当にダイヤモンドのように希少だったのだ。

だからアパートを出て次の旅先へと向かう途中ずっと、エアビーから「レビューを書きませんか」というお知らせが来るのを首を長くして待っていた。


そして、お知らせは来た。

早速メールを開くと、ニコラからも私に「公開メッセージ」が届いているという。もちろん興味津々だったんだが、なぜかそれは私がレビューを書いた後にしか見ることができないらしい。

「?」と思いながらも、とりあえずはレビューを書いた。この時何より嬉しかったのは、日本語で書いてよかったこと！　これまで散々、エアビーでは英語のやり取りに悩まされてきた。面倒なのはもちろん、私のあまりにひどい英語力では言いたいことの十分の一も伝えられていないであろうことが実にもどかしかった（実際通じていないこともあった）。でもそんな心配は無用なのだ。自国語が使えるってなんて素晴らしいのかしら！

で、思いの丈をしっかりと書いて、送信し、さて、どれどれニコラは何を伝えてきたのかしらとメッセージを開いてビックリ！　なんとフランス語じゃないの！（笑）ニコラも英語が面倒だったんですね。それはいいんだが一言も読めやしない。ネットで辞書を引き引き、少しずつ解読していく。

……いや私、ジーンとしてしまいました。

私、これまでの53年間の人生で、これほどまでに褒められたことがあったでしょうか。しかも相手は、最初から最後まで散々迷惑をかけ、思い返せば一度しか会ったことのない人ですよ。

それが、エミコは完璧なゲストだった、このクロワ・ルースに興味を持ってやってきて、この土地と恋に落ちてくれた。彼女とは完璧なコミュニケーションが取れた。彼女の部屋の使い方ももう完璧で、本当に素晴らしい人だった……などと、もう恥ずかしくなるほどの賛辞が並んでいる。

本当は、もう全くそんなことはないのだ。私は何度かニコラと音信不通になってしまったし、英語もめちゃくちゃだった。挙句、ありえないブッキングミスまでやらかして無理なお願いまででした。

ただ、そんなあれこれの粗相のお詫びと感謝の気持ちを込めて、せめて「来た時と同じように」ニコラにアパートを返そうと思った。それだけは一生懸命やった。私のブッキングミスのせいで、すぐにやってくる次のゲストのために短時間に掃除をしなきゃいけない「クリーニングウーマン」に対するお詫びの気持ちもあった。床を掃き、台所はピカピカにして、ベッドメーキングもできうる限り完璧にやって、ゴミも一箇所にまとめて、タオルやリネンも洗えるものは洗って、でも未使用品とは区別がつくようにたたみ方や置き場所を工夫した。それから、精神的にも追い詰められていた最初の数日間大変世話になったニコラからのプレゼントであるワインのお礼に、新しいワインを買った。そして、ここにいた間に精神安定剤代わりにチクチクと仕上げた刺し子のショールとともに、ニコラへのプレゼントとして机に置いていった。ニコラへの短い感謝の置き手紙もした。

そのすべてを、本気で、心を込めてやった。それはもちろんニコラのため、ではあったけれど、何よりも自分のためだったのだと思う。

だって結局のところこの14日間は、人とのかかわりを持とうとさんざっぱら頑張り続けた日々だったのだ。生活ができればどこでだって生きていけるなんてイキがってやってきたけれど、私はやっぱり、誰かに私のことをほんのちょっとでもいいから気に留めてほしかった。そのためには誰かに喜んでいただける人間でなければならないと思った。しかし、見知らぬ国の見知らぬ人に喜んでいただくとはなんと難しいことだったか！　何しろ私が持っているものといえば、多少のお金と、引きつった笑顔と、アフロぐらいなのであった。

そんな中で、ニコラは本当に数少ない、そして最も正面から私とかかわってくれた人だった。それはもちろん主にビジネス上の理由なんだが、それがどーした、である。お金とは間違いなく、人と人とがかかわる大きなきっかけになるのだ。特に私のような平凡な人間にとっては、お金を払うことが、確実にコミュニケーションの扉を開けてくれる魔法の鍵なのである。いや誤解してもらいたくないんだが、お金さえあれば何でもできると言いたいわけじゃない。むしろ「お金だけ」じゃダメなのだ。その後が重要なのである。お金を払ったんだからサービスを受けて当然みたいな態度を取ってしまうと、お金はとても冷たい道具になってしまう。お互いに「お金以上のこと」をどれだけやるかが大事なのだ。そしてニコラは、私が払ったお金の何倍ものことをしてくれた、と、私は思った。それがとても嬉しかった。で、私もニコラのその気持ちにきちんと感謝を伝えなければと、自分なりに頑張った。いろいろ失敗もしたけれど、その感謝の気持ちだけは伝わっていたんじゃないかと思う。

で、何が言いたいのかというと、私とニコラは、お金をきっかけに「かかわった」んだと思うのです。少なくとも私はそう認定させていただきました。で、私とかかわったが最後、もう絶対に喜んでもらいますと。だって何度も言いますが、もう私は本当に、人に喜んでもらうことに飢え続けてきたんですから。これだけ迷惑をかけたんだからサービスのしがいもあるというもの。飛んで火に入るニコラ様。

というわけで、やれることは全部やってピカピカにしたアパートを飛び出した時、私はニコラがこれを見たらどう思うかしらと想像するだけでワクワクした。

びっくりするかな。もう二度と会うことはない人でしょうが、喜んでくれればそれだけで本当に嬉しいなと思ったのだ。

だからニコラのメッセージを読んで、ああ、ちゃんと喜んでくれたんだ！　作戦成功！　と思って、ジーンとしたのであります。

ところが、それだけじゃ終わらなかった。思いがけないオマケまでついてきたのである。

ニコラからのメッセージの最後に「私はエミコをゲストとして心から推薦します！」と書いてあったのだ。

最初にそれを見た時「??」と思った。

だって「推薦します」ったって、それって誰が見るわけ？　ニコラのアパートの紹介ページに記された私のレビューは、確かに多くのユーザーが見る。でもその下に「エミコをゲストとして心から推薦します」って書いていただいたところで、一体どういう効果が……？　いやまあいいか、ニコラはきっと親切心で、エミコに幸あれかしとそう書いてくれたのだ。効果があるかないかは別として……と考えていて、ふと気づいた。

いやこれは、そういうことじゃない。これは公開コメントである。すべての人に公開されているのだ。その「すべての人」の中には、アパートの借り手だけじゃなくて貸し手も含まれているに違いない。つまり、次に私がエアビーでどこかの家を借りたいと思ってホストに連絡を取った時、そのホストは私がどんなゲストなのかを知りたいに違いなくて、その時、このコメントが威力を発するのだ。つまり、ニコラは私の次の旅への扉を開いてくれたのである。私の新たな「居場所」を作ってくれたのだ。

さらにニコラは、私に非公開のメッセージも送ってくれた。そこには英語で「オールウェイズ、ウェルカムアットホーム」とあった。

いつでも、我が家だと思ってクロワ・ルースへ戻っていらっしゃい。

ああこれって多分、例によって欧米的な社交辞令ですよね。それでも私は嬉しかった。本当に。心から。踊り上がりたくなるほどに。

私が私として旅をしたことは、何らかの意味があったのだ。私は他の誰でもない「私」として、実に不器用ではあったけれど、見知らぬ異国の人とほんの少し、でもちゃんとつながることができた。そして、そのことが次の世界への扉を開いてくれたのだ。

もはや私の世界は無限であった。私は私であればいいのである。そのことだけで、世界とつながっていけるのだ。

エピローグ

リヨンから帰ってきて、約2ヶ月がたった。

こうして改めて振り返ってみると、まあ要するに、全く旅慣れていないオバハンが、普通だったらなんでもないことにいちいち心配して気を揉んでワーワーと大騒ぎし、あるいはほんのちょっとしたことに舞い上がり、つまりは一人勝手に有頂天になったり落ち込んだりしていただけじゃないの……と思わないわけではない。

っていうか、客観的に見れば全くそれだけのことである。

しかし、世界は主観でできているのであります。

確かに、旅が大成功だったかといえば、主観的に見てもそんなことはない。もっとうまくやれたことはたくさんあったに違いないし、夢見ていた「現地に溶け込む」というほどのことはできなかった。私はあの14日間、クロワ・ルースの方々にとっては「最近やたらと見かける妙な東洋人（アフロ）」に過ぎなかったであろう。目標だった

「行きつけのカフェを作る」ということも、私なりに相当頑張ったつもりだが、「できた」とは言い難い。

それでも、リヨンへ行ってよかったのだ。

なぜなら、ふと気がつけば、私は次の行き先を探しているのである。というのも、おせっかいなエアビーが、定期的に「オススメの滞在先」を送ってくる。たいがい、聞いたことのない国、聞いたことのない場所だ。都会だったり田舎だったり、海だったり山だったり、お城だったりツリーハウスだったりする。でもそれがどんな場所、どんな環境でも、時間があればちょっくら行ってみようかしらと気軽に考えている自分がいる。

だって、きっとどこだって私は「やっていける」はずだから。つまりは楽しく生活できるはずだから。朝起きて、ヨガをして、買い物をして、自炊をして、カフェで仕事をする。それならきっとできる。いや少なくとも「やろうとする」ことはできる。そうリヨンで頑張った時のように。いつもしていることをして、1日4ボンジュール。そのくらいなら何とかなる。そうすればきっと何かが起きる。いいことも悪いことも。

それが「楽しく生活する」ということなのだと思う。それはどこにいても変わらない。どこにいてもできる。そうなんだ。私の居場所は世界至るところに広がったのである。

これまで、そんなワールドワイドな人になるためには、語学力や、情報や、コネや、お金が必要なんだと思っていた。だから若い頃はそういうものを手に入れようとそれなりに頑張っていたけれど、さすがに中年を迎えた頃には、凡庸な星の下に生まれた私にはそんなものは手に入りそうにないのだと諦めの気持ちが9割以上を占めるようになった。で、がっかりしていた。でも、そもそもそういうことじゃなかったのである。

必要なのは語学力でも情報でもコネでもお金でもなく「自分」だったのだ。大したことのない自分、ダメな自分。地球の裏まで行ったからといってそんな自分がひっくり返るなんてことはない。いつもやっていないことが旅行したからといってできるわけじゃない。それを認めればよかっただけのことなんだ。で、どこへ行こうともいつもやっていることを一生懸命やればよかったのである。

簡単なことだ。

でも、その簡単なことが難しい。それが旅なんだと思う。日本にいれば無意識に何気なくやっていることが、国境を越えればすべて「何気なく」はできない。うまくいかないことばかりだ。ジタバタするうちに、自分の根っこみたいなものが見えてくる。本当に自分が求めているものは何なのか。

だから私は旅の後半から、無性に自宅に帰りたくなった。

逃げ帰りたかったわけじゃない。そうじゃなくて、今なら、最高にうまく「近所を旅できる」気がしたのだ。

リヨンに行ってよくわかったのは、結局、私が求めているのは「人に喜んでもらうこと」だったってことだ。でもね、フランスでそれをやるのはかなり難しかったんだよ。やっぱり言葉ができないからね。頑張ったけどね。ちょっとはできたけどね。でも日本だったらもっとうまくやれる。私が人により喜んでもらえる場所は、確実に、リヨンじゃなくて日本だ。我が日本でもリヨン滞在中に匹敵する真剣さで頑張れば、私が行くところ行くところ、花咲か爺さんのように人を幸せにできる気がした。リヨンが私を鍛えたのである。

だから繰り返すけれど、いつもやっていることを一生懸命やればいいのだ。少なくとも「やろうとする」ことはできる。それができれば十分ではないか。だって旅が終わった時には自分は確実にバージョンアップしているのである。そんな自分を抱えて次の旅に出る。そうしたらまた自分はバージョンアップする。そうなれば絶対日常が変わる。人生が変わる。

まあ我ながらずいぶん大げさなことを言っている気がしますが、多分これは本当のことなのだ。

文庫版のためのあとがき

改めて読み返したら、思わず自分が手に汗握り。そうあの時の私、そこそこ決死の覚悟だった。側《はた》から見れば多少のお金も分別もある大人の気ままな一人旅に見えるに違いないが、自分的には気ままどころか、城攻めというか、討ち入りというか、「たのもう〜」という心境以外の何物でもなかった。

誰におたのみ申すって、それは他でもないこの自分。50歳で会社をやめちゃって、何の保障も後ろ盾もないひとりぼっちになってみたら、誰に注目されることも誰のお役に立つこともできぬ、いてもいなくてもいい自分。こんなんで、これからの残り何十年もある人生をどうやって元気に生きていけばいいのかね？　いいトシしてそんなこともわからないカラッポの自分。

旅に出るとは、そんなカラッポととことん向き合うことだった。

ただ一人の知り合いとておらず、言葉も全くできず、何のとっかかりもない異国という完全アウェイな状況に立った時、つまりは100%リアルに「いてもいなくてもいい」自分と向き合わざるを得ない状況に追い込まれた時、私に一体何ができるのか? それは自分なりの切羽詰まった挑戦だった。

願わくば、追い込まれた挙句にサクサクと新しいイケてる自分が生まれてきてくれれば最高と思っていたんだが、もちろん現実は甘くない。何もできないのに失敗したくなくてカッコばかりつけている自分はどこまでも自分であって、当然何もかもうまくいかず、全てに追い込まれまくった挙句に私がようやく見つけたのは、自分ってものの本当の正体だった。すなわち、自分が生きていく上で、他の全部を諦めるとしてもこれだけはどうしても絶対絶対必要! ってものが一体何なのか、それが生まれて初めてちゃんと見えたのだ。

それは、自分でも全く意外なものだった。

お金とか名誉とか地位とか、なんだかんだ言って私、そういうベタなものに執着しまくって生きてきたわけですが、本当に私が求めたのはそのどれでもなかったのである。私はただただ、ほんの、そうほんのちょびっとでいいから、人から「ニッコリ」

してもらいたかった。冗談でも綺麗事でもなくて、リアルにそれがなかったら花が萎《しお》れて枯れるように私の心は死んじゃうんだってことを私はリヨンにて思い知ったのだ。ってことで、そのニッコリを取りにいくためにできることは何でもやったのだ。

6年ぶりにこの本を読んで当時の必死さがよみがえり、ああ私、よくぞ頑張った、そしてリヨンに行って本当に本当に良かったと胸を熱くしたのである。だってその発見こそは、間違いなく今の私の人生をガッチリと支えているのだ。

自分が生きていく上で本当に必要なものは何なのか？　それがわかっているということが、どれほどの安心であり財産であるかを思わぬ日はない。何もかもがうまくいかない1日であったとしても、いつもすれ違う近所のおばあちゃんにニッコリと挨拶をして、ニッコリと笑顔が返ってきさえすれば「生きてて良かった」と思える自分であることを、あのリヨンでの日々が私に教えてくれたのだ。自分で自分を知ってるってこと。こんなに強くて迷いのないことってない。

なるほど旅って、そういうことを発見するためのものだったのだ。自分と出会うこと。それが旅だったのだということを私は知ったのであります。

ってことで、私は今も、その時々の自分と出会うために、定期的に見知らぬ場所へ一人ノコノコと出かけていく。台湾、フィンランド、アメリカ、メキシコ……加齢とともに心身は着実に衰えマゴマゴの度合いが増していく自分であっても、見知らぬ場所の見知らぬ人々からちゃんとニッコリを獲得できるのか？　毎回盛大にドキドキしながら「たのもう〜」と精一杯胸を張って出かけていく。いやもうほとんど宮本武蔵ですね。人生は果てしなく、オモシロイ。

解　説——自分で決めた生き方

吉本ばなな

たまにエッセイ的なものを書いていて思うのは、私のエッセイはプロのエッセイストのエッセイではないということだ。あくまで小説家の書くこぼれ話というか。そして体験したことは小説では不思議なことに、体験と全く違うところから違うエピソードとして出てくる。

それでも小説は全て実体験から出てくるものなのは間違いないし、こぼれたエピソードは小説の副産物なのだ。

稲垣さんがエピローグで書いているとおりに、ある角度から見たこの本は「全く旅慣れていないオバハンが、普通だったらなんでもないことにいちいち心配して気を揉んでワーワーと大騒ぎし、あるいはほんのちょっとしたことに舞い上がり、つまりは一人勝手に有頂天になったり落ち込んだりしていただけじゃないの……と思わないわけではない。っていうか、客観的に見れば全くそれだけのことである。」と言えるのかもしれない（もちろん私はそう思っていません）。

私は稲垣さんは新聞記者だったんだ！　と毎回強く感じる。会社を辞めて全てを捨てて生活の仕方を取ったと思われている稲垣さんだけれど、過去に得たものはちゃんと生きている。

稲垣さんが、全く海外に行ったことがない人が最初に感じる気持ちや起きがちなできごとを丹念に描いて説明してくれていることで、誰もが味わったことがある「初めての土地では自分はよそものだ」というあの気持ちを鮮やかに思い出すことができる（もしほんとうに体験していなかったとしたら、新しい場所で暮らすのは思った以上にむつかしいということをリアルに想像することができる）。

だんだんその土地になじんでいく過程で自分の心に起きたことと、それによって周囲が鮮やかに変化していく様をどんな人でも追体験できる。

それはつまり、「正確な記事」という目的を満たしているということではないだろうか。

だから、稲垣さんの文章は、私があくまで小説家であるのと同じく、「かつて新聞記者だったことがある人の書いたもの」なのだと思う。

その証拠に、私はこの本を読んで生々しく思い出した。

初めてイタリアに行ったとき、なにもわからなくて出てきた食べものをみんな残さないようにがんばったこと（破裂しそうになった）や、朝はエスプレッソを飲まないなんて知らなかったことや、そのへんの新聞スタンドのおばちゃんは英語を話さないし基本地図も見ることができないということがわからなくて、道を聞いてはおろおろしたこと。

ひとりで朝散歩に出たら、カフェラテのテイクアウトが通じなくて店で焦りながら飲んだこと。

日本人と違ってヨーロッパではお皿の食べものをシェアしたりしないので、人のお皿からちょっとだけ味見というのをみんなでしていたら、隣の席の人たちが眉をひそめたこと。

電車や観光客が多いドゥオモ付近ではやたら緊張して、かばんを前にして抱くようにしていたら、いっしょに歩いていたイタリア人のバックパックの後ろのチャックが開いていてずっこけたこと。

私にはそのときスタッフや友だちがいっしょにいたけれど、もしひとりだったらそのひとつひとつを眠れないほど考え込んだり、明日は失敗しないようにしようって思っただろうなあ、という気持ち。

そんな全てを。

私も一人旅をしたことがないわけではない。いろんな場所に行っては失敗したり変なことをしでかしてきた。飛行機に乗り遅れたり、ホテルの予約が通ってなかったり。焦って泣いたことだって何回もある。加水分解で靴がバラバラになって空港で裸足で歩いたこともある。

でも歳を取るってどんどん面の皮が厚くなるということだ。

私はきっと今ひとりでリヨンに行っても、最初は「全身が目」くらいに緊張していたはずなのに、翌日にはてきとうにとっかかりの店を見つけて「今日の目標達成！」って感じになってあとは引きこもり、だんだん自分もなじんで人々が自分に慣れた頃になんてことなく帰るんだろうな、さらには、最初はなにをやっても浮いててダメというのがわかっちゃってるから、どうせ慣れるさ、って思いながら歩き回ってほんとうに慣れちゃうんだろうな、だから最初はただだらだらしたりするんだろうな、とわかってしまっている。小狡くなっているのだ。

でも稲垣さんは小狡くない。

決めたことを毎日ちゃんと実行し、じっくり考え、ちゃんと心を動かしながら少しずつ進んでいく。そしてそれをかっこつけずに書いてシェアしてくれる。

その誠実さに胸がきゅんとする。

そしてこの本を読みながらいつしか私がたどり着いたのは、十年前に子どもとふたりでパリに行ったときの思い出だった。

最初のホテルから次に泊まるホテルに移動するとき石畳だから思った以上にスーツケースが転がらずたいへんだったり、朝混み混みの「ＰＡＵＬ」でうまく割り込み注文ができないですごく凹んだこと。

それでも三日目にはコースが決まってきて、蕎麦屋からのジェラート屋に行くのが生活の一部になったり、ふらりと寄った洋服屋できれいなワンピースとシャツを買って八年くらい毎冬着たことや、夕方に毎日同じお店に行って生ハムを食べていたらだんだんなじんで店の人が「今日も機械じゃなくって手切りのハムね！」と言ってくれるようになったこと。

ショコラティエ巡りをした日、初めは謎のアジア人親子に冷たい態度だったお店のおじさんが、私たちの真剣な選び方を見て「これも食べてみる？」「これはこういう手間をかけて作ってるんだよ」と説明してくれたこと。奇跡のメダイ教会からずっとつけてくるスリの人にドキドキして走ってとにかくそのへんのカフェに飛び込んだこと。

パリに住んでいる、元スタッフだった子のお姉さんからいきなり連絡があって、おうちに遊びに行ったこと。

たとえ短い旅でも、自分の生活を作っていくというすばらしさがそこにはあった。毎日違う場所に行って名所を巡る旅だってきっとあるだろう。

でも、ただ生活をする、そこでの生活をどんなふうにしたいかを考える。実はふだんの毎日だってそうできるのだ。旅先のように、自分がなにを選びたいかを吟味しながら好きな形を創造すること。

稲垣さんは田舎暮らしを選ばず、都会にいながら自分の生き方を貫くことに決めた。その生活のすばらしさに賛同する人がたくさんいる。それは、冷蔵庫がないとか銭湯に行くとか、家事を自分の手でちゃんとやるということだけではなくて、自分がしたいと決めたライフスタイルを極めていくという、人間の根底にあるべき自由を体現しているからだ。

そしてかっこいいところだけではなく情けないところも隠さずに書いてくれる、信頼できる人間性があるから。

リヨンの部屋を引き払うとき、借りたものはちゃんと返し、すべての食材をきちんと使い切り、心を込めて掃除をして去っていく稲垣さんの心と姿の美しさに打たれない人はいないと思う。

こんなふうでありたいし、この姿勢がある限り稲垣さんはこれからもまっすぐに歩んでいくのだろうと思う。その姿を陰ながらずっと応援していたい。

――小説家

本書は二〇一八年一〇月に東洋経済新報社より刊行されたものです。

人生《じんせい》はどこでもドア

リヨンの14日間《かかん》

稲垣《いながき》えみ子《こ》

令和6年9月5日　初版発行

発行人――石原正康
編集人――高部真人
発行所――株式会社幻冬舎
〒151-0051東京都渋谷区千駄ヶ谷4-9-7
電話　03(5411)6222(営業)
　　　03(5411)6211(編集)
公式HP　https://www.gentosha.co.jp/
印刷・製本―株式会社　光邦
装丁者――高橋雅之

検印廃止

幻冬舎文庫

ISBN978-4-344-43409-7　C0195　　い-72-5